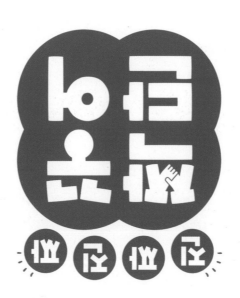

초판발행 2021년 6월 1일

지은이 한동오
그린이 이진아
엮은이 송지은, 진혜정, 김한나
기획 한동오
펴낸이 엄태상
영문감수 Kirsten March
디자인 권진희
조판 이서영
오디오 김현이
마케팅 본부 이승욱, 전한나, 왕성석, 노원준, 조인선, 조성민
경영기획 마정인, 최성훈, 정다운, 김다미, 오희연
제작 조성근
물류 정종진, 윤덕현, 양희은, 신승진
펴낸곳 시소스터디
주소 서울시 종로구 자하문로 300 시사빌딩
주문 및 문의 1588-1582
팩스 02-3671-0510
홈페이지 www.sisostudy.com
네이버카페 cafe.naver.com/sisasiso
네이버블로그 blog.naver.com/sisosisa
인스타그램 instagram.com/siso_study
이메일 sisostudy@sisadream.com
등록번호 제2019-000149호
ISBN 979-11-91244-25-0

ⓒ시소스터디 2021

*이 교재의 내용을 사전 허가없이 전재하거나 복제할 경우 법적인 제재를 받게 됨을 알려드립니다.
*잘못된 책은 구입하신 서점에서 교환해 드리며 정가는 표지에 표시되어 있습니다.

지은이 한동오

제7차 영어 교과서 개발에 참여한 바 있으며,

영어 교육 과정과 학교 시험에 정통해 있는 영어 교육 전문가입니다.

KD강남대치영어학원 원장을 역임하였고,

치열한 영어 학원가에서도 잘 가르치는 선생님으로 소문난 명강사입니다.

미국 예일대학교 디베이트 협회(YDSL)와 ASFL 영어 디베이트 협회가 연계한 Coach 및

Judge자격을 가지고 있으며, 영어 디베이트 대회 심사위원으로 활동하였습니다.

《기적의 파닉스》외에 여러 권의 영어 분야 베스트셀러를 집필하였고,

그동안 개발한 교재는 국내뿐만 아니라 미주 지역, 대만, 태국 등지에서 사용되어 왔으며,

캐나다 교육청(Fraser Cascade School Board)으로부터 프로그램 교류에 대한 감사장을 받았습니다.

또한 영어 학습법 분야에서 여러 개의 발명 특허를 획득하였으며 대한민국 발명가 대상,

캐나다 토론토 국제 선진기술협회장상, 말레이시아 발명 협회 MINDS 특별상,

국제지식재산권 교류회장상, 국제 CIGF 금상 등을 수상하였습니다.

학습법 발명 및 공로로 대한민국 교육 분야 신지식인으로 공식 선정되었습니다.

저서로는 《초등 영문법 진짜진짜 쓰기 문법》, 《진짜진짜 알파벳》, 《진짜진짜 파닉스》,

《진짜진짜 사이트 워드》, 《기적의 파닉스》, 《중학 필수 영단어 무작정 따라하기》,

《바쁜 3·4학년을 위한 빠른 영단어》, 《중학영어 듣기 모의고사》 등 다수가 있습니다.

머리말

1_ '짝꿍 단어'란 무엇인가요?

짝꿍 단어는 '함께 짝이 되어 쓰이는 단어'를 말합니다. 영어로는 콜로케이션(Collocation)이라고 하고 우리말로는 짝꿍 단어, 연어, 말뭉치 등으로 표현됩니다.

짝꿍 단어를 이해하기 위해 예를 들어 보겠습니다. '높은 산', '높은 건물'을 영어로 바꿀 때 high mountain, high building이 모두 맞을까요? 그렇지 않습니다. 우리 말에서는 '높은'이라는 단어가 산과 건물 어느 쪽에 와도 모두 어울립니다. 하지만 영어에서는 '높은'이라는 뜻의 high를 무조건 사용하면 안 됩니다. 즉, high mountain은 괜찮지만 high building은 어색해 집니다. mountain(산)은 high(높은)와 짝꿍 단어이지만, building(건물)은 high와 짝꿍 단어가 아니기 때문 이죠. building은 high가 아니라 tall과 짝꿍 단어입니다. 그래서 tall building이 맞는 표현이 됩니다. 이처럼 영어에는 서로 잘 어울리는 단어가 있는데 이런 단어들을 짝꿍 단어라고 말합니다.

2_ 짝꿍 단어를 배우면 왜 좋은가요?

첫째, 원어민과 같은 어휘 감각을 가지게 됩니다. 원어민의 표현 방식을 체화하게 되어 우리말을 그대로 옮기면서 발생하는 콩글리쉬 오류를 범하지 않게 됩니다.

둘째, 영작을 하는데 큰 도움이 됩니다. 짝꿍 단어를 한번에 익히면 영어 단어의 자연스러운 조합 을 알게 되어 영작문 및 에세이 쓰기가 훨씬 수월해지고 수준 높은 영작이 가능해 집니다.

셋째, 단어 암기를 할 때도 큰 도움이 됩니다. 개별로 단어를 암기할 때보다 상황을 연상하면서 한 번에 두 개씩 암기하니까 암기 속도도 두 배로 빨라지며 기억도 오래 갑니다.

콜로케이션은 교육부에서도 그 효과를 인정하고 있으며, 교과 과정에서 학습을 권장하고 있습니 다. 《초등 영단어 총정리 진짜진짜 짝꿍 단어》는 빅데이터에 근거한 콜로케이션을 기반으로 과학 적인 설계가 되어 있습니다.

아무쪼록 이 책이 영어를 공부하는 모든 분들께 큰 도움이 되기를 저자로서 진심으로 바랍니다.

한 동 오

구성과 특징

《초등 영단어 총정리 진짜진짜 짝꿍 단어》는 원어민들이 습관적으로 함께 붙여 사용하는 단어들을 짝꿍처럼 붙여서
학습해요. 2개의 단어를 한 쌍으로 이미지화 하여 외우니까 암기 속도가 2배 이상 빨라지고, 표현도 훨씬 자연스러워요.
1:1 매칭되는 그림과 함께 반복해서 익히고, 문장 속에서 확인하며 초등 필수 영단어 800개를 내 것으로 만들어요.

QR코드를 찍어 단어를 듣고 따라 말해요.
– 단어 듣기 / 챈트 듣기 / 문장 듣기

단어의 다른 뜻, 사용할 때 주의할 점 등
뚝뚝 떨어지는 꿀팁도 꼭 챙겨요.

왜 두 단어가 짝꿍이 되었는지 친절한 설명을
읽으며 단어를 더 오래 기억해요.

이렇게 공부해요!

1 [QR코드]를 찍어 단어를 듣고 따라 말해요.

2 챈트를 따라 부르며 단어를 익혀요.

3 연습문제를 풀며 단어를 익혀요.

패턴 문장에 단어를 넣어 완성하며 단어의 쓰임을 확인하고, [QR코드]로 반복해서 듣고 따라 말해요.

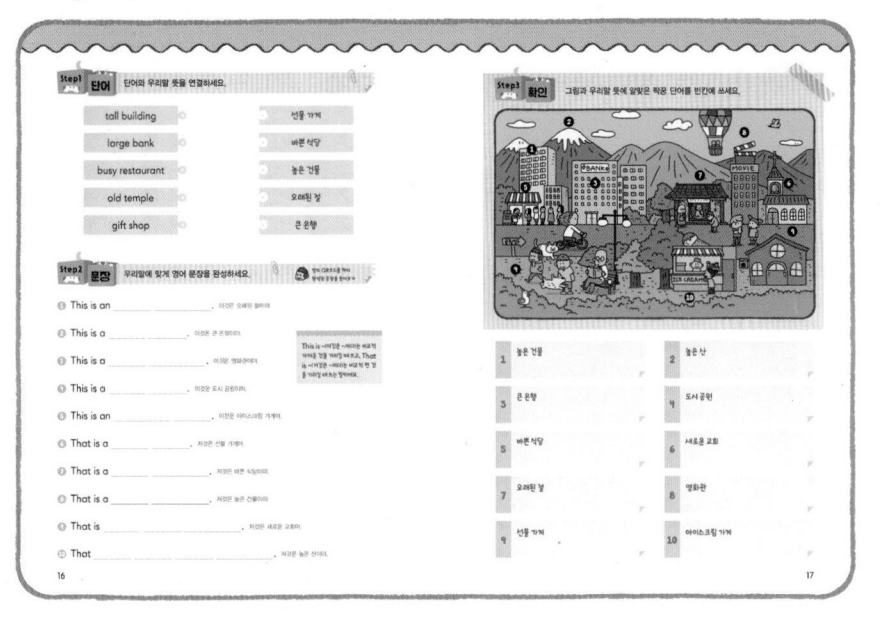

4 뒤집기 노트를 펴고 단어를 쓰면서 연습해요.
노트를 뒤집어, 쪽지시험을 보며 단어를 잘 알고 있는지 스스로 확인해요.

쓰기 노트

쪽지 시험

목차

주제별 짝꿍 단어

단어가 주인공인 짝꿍 단어

등장인물 소개

제임스쌤

친절하고 재밌는 실력파 영어 선생님이에요.
영어에 대한 궁금증을 깔끔하게 해결해 줘요.

초롬이

새침한 성격의 초등학생이에요.
궁금이한테는 좀 쌀쌀맞게 굴지만 속마음은 따뜻해요.
자기가 영어를 궁금이 보다 잘한다고 생각해요.

궁금이

궁금한 게 많은 초등학생이에요.
영어에 대해서도 궁금한 게 아주 많아요.
영어를 잘해서 초롬이한테 잘 보이고 싶어해요.

꿍냥이

귀엽고 시크한 고양이예요.
초롬이, 궁금이보다 영어를 잘한다던데…
초롬이, 궁금이도 이 사실을 알까요?

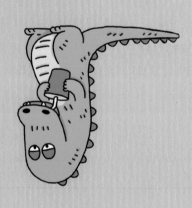

우리 동네

DAY 1

tall은 '높은'이라는 뜻 말고 '키가 큰'이라는 뜻도 있어요.
예 She is tall. 그녀는 키가 커.

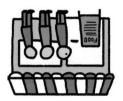

tall building
높은 건물

high mountain
높은 산

large bank
큰 은행

city park
도시 공원

busy restaurant
바쁜 식당

tall building   선물 가게

large bank   바쁜 식당

busy restaurant   높은 건물

old temple   오래된 절

gift shop   큰 은행

Step2 문장 우리말에 맞게 영어 문장을 완성하세요.   앞의 QR코드를 찍어 완성된 문장을 들어보자

❶ This is an _____ _____. 이것은 오래된 절이야.

❷ This is a _____ _____. 이것은 큰 은행이야.

❸ This is a _____ _____. 이것은 영화관이야.

❹ This is a _____ _____. 이것은 도시 공원이야.

❺ This is an _____ _____. 이것은 아이스크림 가게야.

❻ That is a _____ _____. 저것은 선물 가게야.

❼ That is a _____ _____. 저것은 바쁜 식당이야.

❽ That is a _____ _____. 저것은 높은 건물이야.

❾ That is _____ _____ _____. 저것은 새로운 교회야.

❿ That _____ _____ _____. 저것은 높은 산이야.

> This is ~(이것은 ~이다)는 비교적 가까운 것을 가리킬 때 쓰고, That is ~(저것은 ~이다)는 비교적 먼 것을 가리킬 때 쓰는 말이에요.

16

그림과 우리말 뜻에 알맞은 짝꿍 단어를 빈칸에 쓰세요.

1	높은 건물	2	높은 산
3	큰 은행	4	도시 공원
5	바쁜 식당	6	새로운 교회
7	오래된 절	8	영화관
9	선물 가게	10	아이스크림 가게

여러 사람들

wise man
현명한 남자

clever woman
똑똑한 여자

young boy
어린 소년

teenage girl
십대 소녀

rich gentleman
부유한 신사

똑똑한 너한테는 wise랑 clever 둘 중 어느 것이 어울릴까?

머리 회전이 빠를 때는 clever를 쓰고 판단을 잘 하고 양식이 있는 사람한테는 wise를 써요.

QR코드를 찍어
오디오로 단어를 만나보자

poor lady
가난한 여성

little kid
작은 아이

problem child
문제아 (문제 아이)

Mr. Stone
스톤 씨

Mr. ✓ | Ms. ✓
         Mrs. ✗
         Miss ✗

Mrs.는 결혼한 여성,
Miss는 결혼하지 않은 여성을 가리키지만
Ms.는 공통으로 쓸 수 있어.

미국에는 돌(stone)이나 종(bell)처럼 재미있는 성을 가진 사람들이 많아요.

해당하는
단어의 그림을
찾아 동그라미
하세요.

Ms. Bell
벨 여사(씨)

Step1 단어 단어와 우리말 뜻을 연결하세요.

wise man	어린 소년
young boy	부유한 신사
rich gentleman	현명한 남자
little kid	스톤 씨
Mr. Stone	작은 아이

Step2 문장 우리말에 맞게 영어 문장을 완성하세요.

앞의 QR코드를 찍어 완성된 문장을 들어보자

1. He is a _____ _____. 그는 부유한 신사야.

2. He is a _____ _____. 그는 작은 아이야.

He is ~(그는 ~이다)는 남자를 가리킬 때 쓰는 말이고, She is ~(그녀는 ~이다)는 여자를 가리킬 때 쓰는 말이에요.

3. He is a _____ _____. 그는 어린 소년이야.

4. He is a _____ _____. 그는 문제야.

5. He is _____ _____. 그는 스톤 씨야.

6. He _____ _____ _____ _____. 그는 현명한 남자야.

7. She is a _____ _____. 그녀는 십대 소녀야.

8. She is a _____ _____. 그녀는 똑똑한 여자야.

9. She is _____ _____. 그녀는 벨 여사야.

10. She _____ _____ _____ _____. 그녀는 가난한 여성이야.

1	현명한 남자	**2**	똑똑한 여자
3	어린 소년	**4**	십대 소녀
5	부유한 신사	**6**	가난한 여성
7	작은 아이	**8**	문제아 (문제 아이)
9	스톤 씨	**10**	벨 여사(씨)

나의 가족

handsome father (dad)

잘생긴 아빠

beautiful mother (mom)

아름다운 엄마

nice grandfather (grandpa)

멋진 할아버지

kind grandmother (grandma)

친절한 할머니

lazy brother

게으른 오빠(형, 남동생)

How cute!

father, mother, grandfather, grandmother 보다 괄호 안의 표현이 더 친근한 표현이에요.

beautiful mother ○ ○ 귀여운 강아지

nice grandfather ○ ○ 멋진 할아버지

lovely sister ○ ○ 예쁜 숙모

pretty aunt ○ ○ 아름다운 엄마

cute puppy ○ ○ 사랑스런 언니

Step2 문장 우리말에 맞게 영어 문장을 완성하세요. 앞의 QR코드를 찍어 완성된 문장을 들어보자

❶ I love my _____ _____. 나는 나의 멋진 할아버지를 사랑해.

❷ I love my _____ _____. 나는 나의 아기 사촌을 사랑해.

> I love my ~는 '나는 나의 ~을 사랑해'라는 뜻이에요.

❸ I love my _____ _____. 나는 나의 게으른 오빠를 사랑해.

❹ I love my _____ _____. 나는 나의 아름다운 엄마를 사랑해.

❺ I love my _____ _____. 나는 나의 똑똑한 삼촌을 사랑해.

❻ I love my _____ _____. 나는 나의 잘생긴 아빠를 사랑해.

❼ I love my _____ _____. 나는 나의 귀여운 강아지를 사랑해.

❽ I love _____ _____ _____. 나는 나의 예쁜 숙모를 사랑해.

❾ I _____ _____ _____ _____. 나는 나의 친절한 할머니를 사랑해.

❿ _____ _____ _____ _____ _____. 나는 나의 사랑스런 언니를 사랑해.

1	잘생긴 아빠	2	아름다운 엄마
3	멋진 할아버지	4	친절한 할머니
5	게으른 오빠(형, 남동생)	6	사랑스런 언니(누나, 여동생)
7	똑똑한 삼촌(고모부, 이모부)	8	예쁜 숙모(고모, 이모)
9	아기 사촌	10	귀여운 강아지

오늘의 단어

DAY 4

slow turtle
느린 거북이

noisy classroom
시끄러운 교실

quiet rabbit
조용한 토끼

quick shower
빠른 샤워

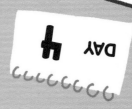

fast cheetah
빠른 치타

loud voice
큰 목소리

small house
작은 집

big dinosaur
큰 공룡

fat friend
뚱뚱한 친구

thin ant
마른 개미

사진처럼 heavy(헤비)한 강한 단어가 제일 위쪽에 있어요.
사진처럼 heavy(헤비)한 강한 단어가 아래쪽에 있어요.

앙~
큰 목소리

너무 궁금해 우리!?

어딨어요! 도대체 쟤가 어디 있냐!

다 들어있냐!

우리집이야! 들어가면 피해갈 수 있어!

으...

QR코드를 찍어 오디오로 단어를 만나봅시다

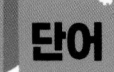

fast cheetah ◦   ◦ 작은 집

quiet rabbit ◦   ◦ 뚱뚱한 친구

slow turtle ◦   ◦ 느린 거북이

fat friend ◦   ◦ 조용한 토끼

small house ◦   ◦ 빠른 치타

Step2 문장 우리말에 맞게 영어 문장을 완성하세요. 앞의 QR코드를 찍어 완성된 문장을 들어보자

1 I like a _____ _____. 나는 조용한 토끼를 좋아해.

2 I like a _____ _____. 나는 빠른 치타를 좋아해.

3 I like a _____ _____. 나는 큰 공룡을 좋아해.

> I like ~는 '나는 ~을 좋아해'라는 말이고 뒤에 too를 붙이면 '~도 (역시) 좋아해'라는 뜻이 되지요.

4 I like a _____ _____. 나는 큰 목소리를 좋아해.

5 I like a _____ _____. 나는 빠른 샤워를 좋아해.

6 I like a _____ _____, too. 나는 마른 개미도 좋아해.

7 I like a _____ _____, too. 나는 느린 거북이도 좋아해.

8 I like _____ _____ _____, too. 나는 시끄러운 교실도 좋아해.

9 I _____ _____ _____ _____, too. 나는 작은 집도 좋아해.

10 I _____ _____ _____ _____, _____. 나는 뚱뚱한 친구도 좋아해.

28

그림과 우리말 뜻에 알맞은 짝꿍 단어를 빈칸에 쓰세요.

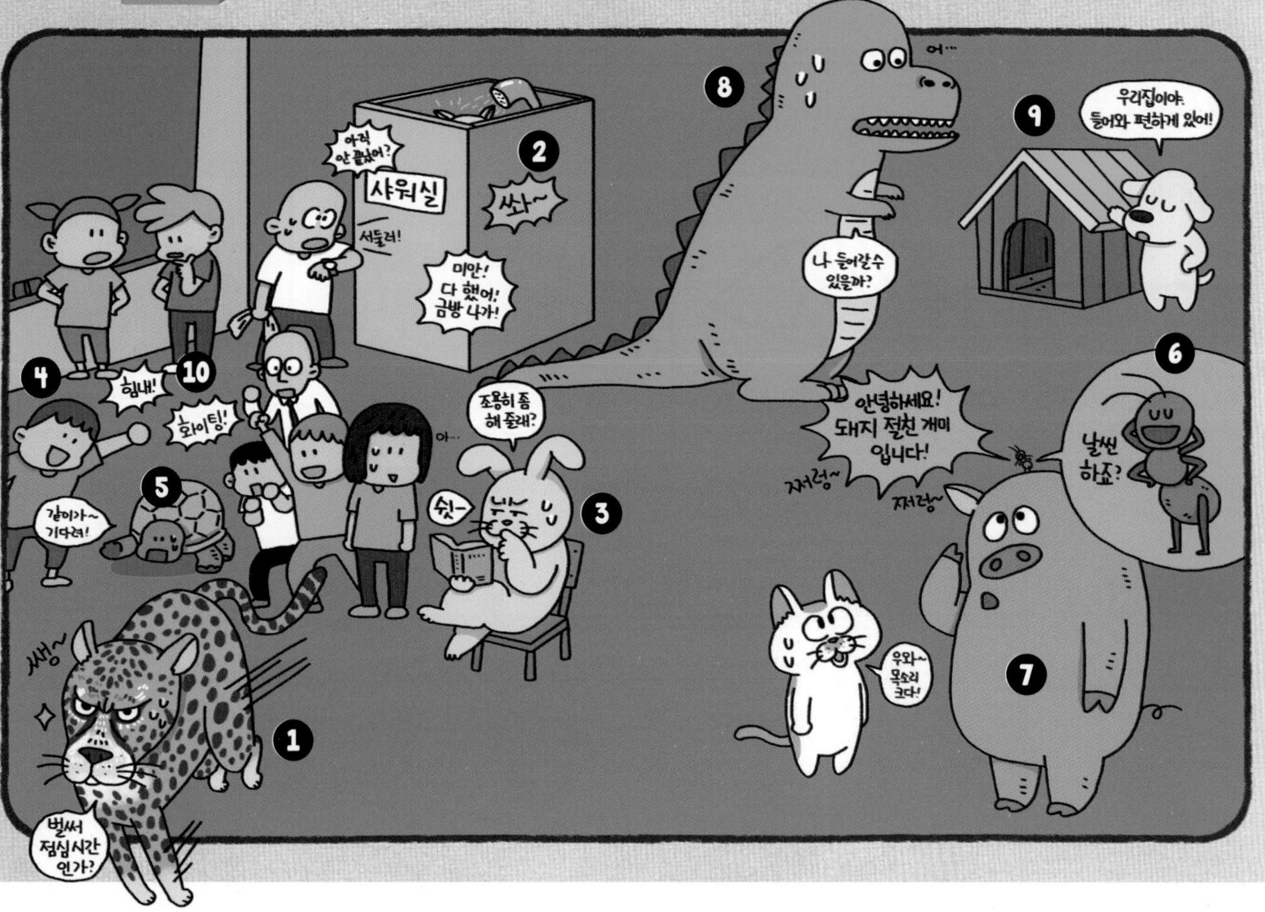

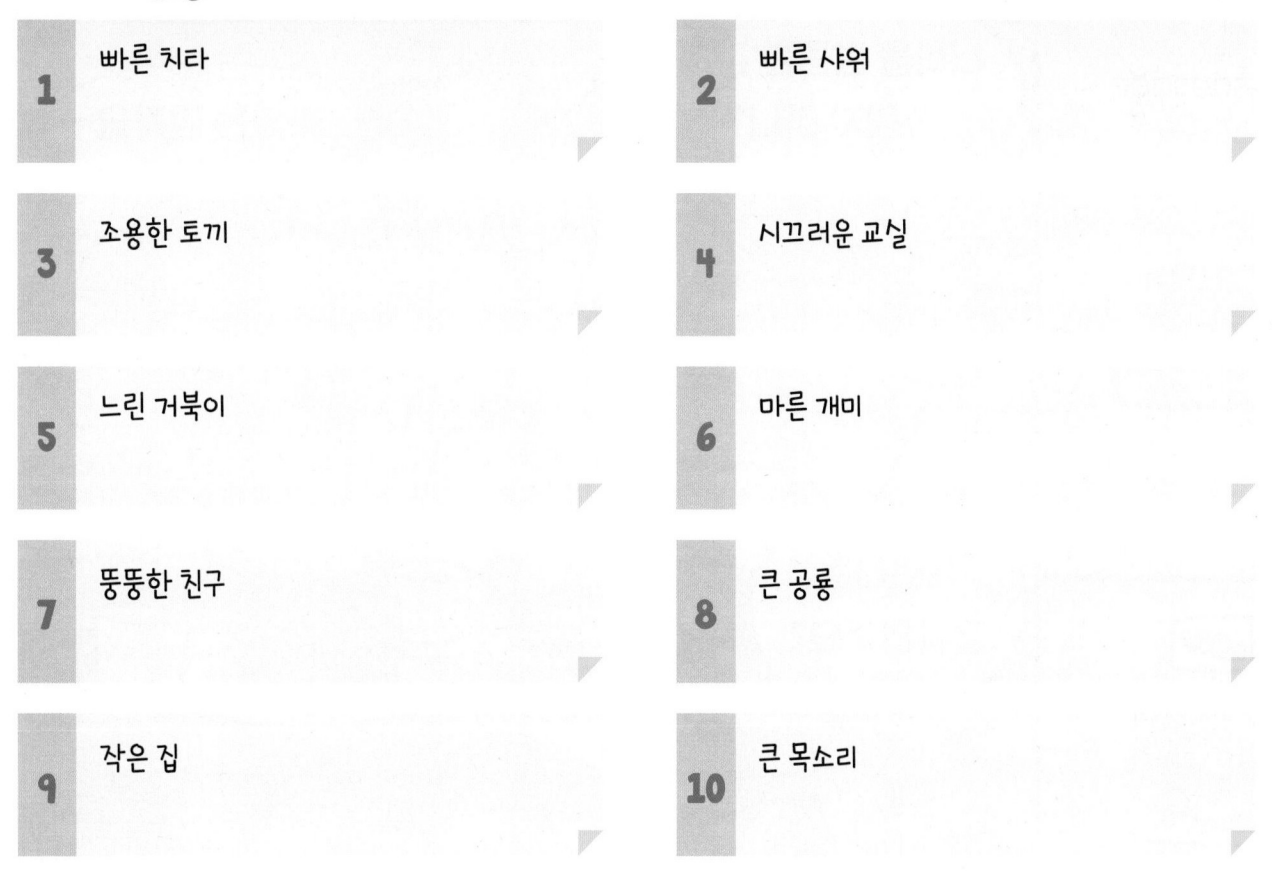

1	빠른 치타		2	빠른 샤워
3	조용한 토끼		4	시끄러운 교실
5	느린 거북이		6	마른 개미
7	뚱뚱한 친구		8	큰 공룡
9	작은 집		10	큰 목소리

sweet potato
고구마 (달콤한 감자)

egg sandwich
계란 샌드위치

pork sausage
돼지고기 소시지

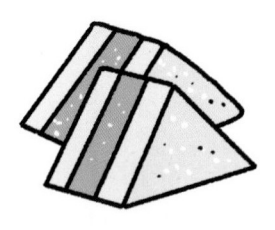

meat pie
고기 파이

carrot cake
당근 케이크

맛있는 음식들

pig는 동물 돼지이고 pork는 먹는 돼지 고기를 말해요.

Step1 단어 · 단어와 우리말 뜻을 연결하세요.

egg sandwich	토마토 주스
meat pie	크림 탄산음료
lemon tea	레몬 차
tomato juice	고기 파이
cream soda	계란 샌드위치

Step2 문장 · 우리말에 맞게 영어 문장을 완성하세요. 앞의 QR코드를 찍어 완성된 문장을 들어보자

① I want the _____ _____. 나는 그 고구마를 원해.

② I want the _____ _____. 나는 그 토마토 주스를 원해.

③ I want the _____ _____. 나는 그 레몬 차를 원해.

④ I want the _____ _____. 나는 그 계란 샌드위치를 원해.

⑤ I want _____ _____ _____. 나는 그 당근 케이크를 원해.

⑥ I want that _____ _____. 나는 저 마시는 물을 원해.

⑦ I want that _____ _____. 나는 저 돼지고기 소시지를 원해.

⑧ I want that _____ _____. 나는 저 초콜릿 우유를 원해.

⑨ I want _____ _____ _____. 나는 저 고기 파이를 원해.

⑩ I _____ _____ _____ _____. 나는 저 크림 탄산음료를 원해.

> '나는 그 ~을 원해'라고 할 때는 I want the ~라고 하면 되고 좀 멀리 있는 것을 가리키며 '저 ~을 원해'라고 할 때는 I want that ~라고 해요.

Step3 확인 그림과 우리말 뜻에 알맞은 짝꿍 단어를 빈칸에 쓰세요.

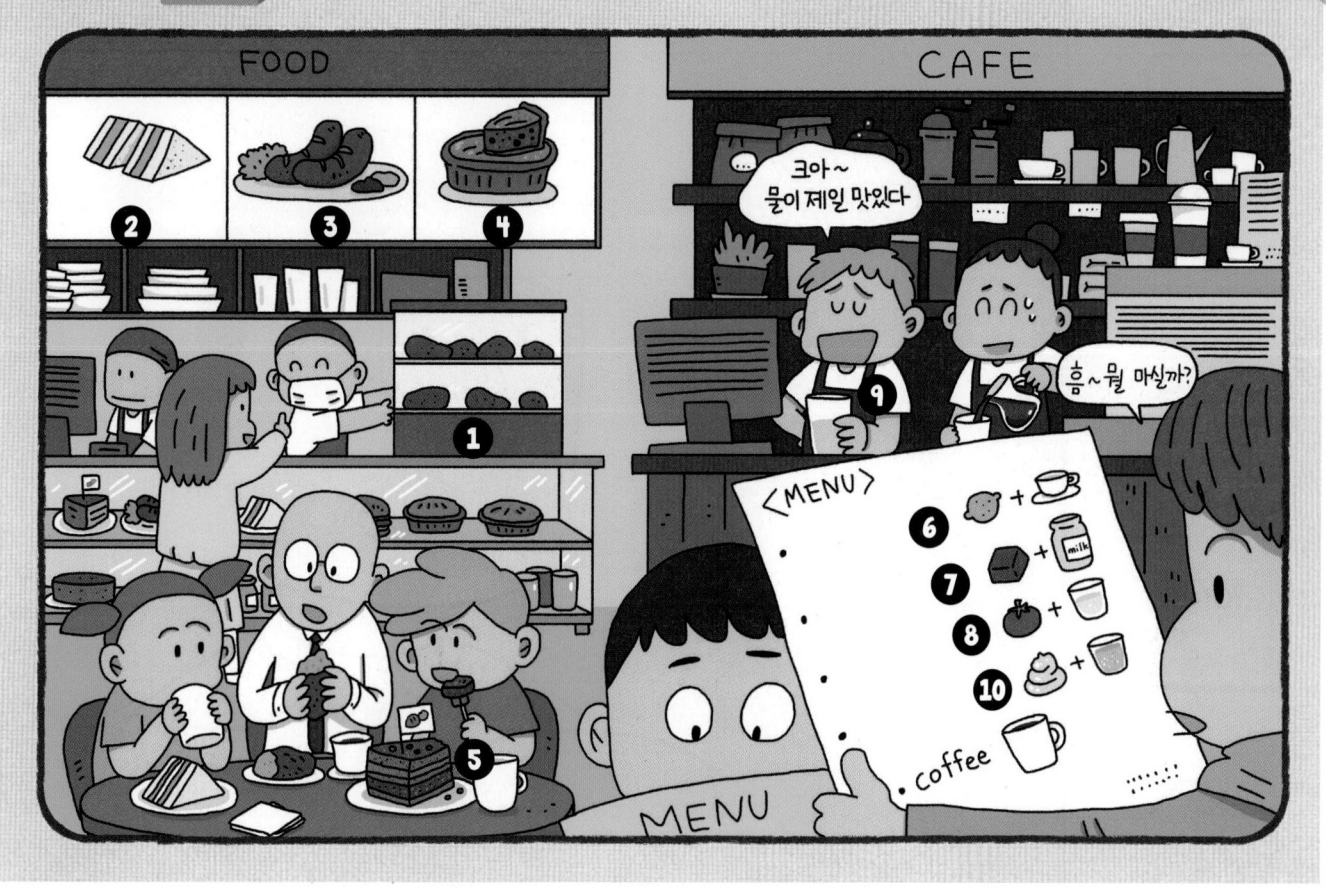

1	고구마	2	계란 샌드위치
3	돼지고기 소시지	4	고기 파이
5	당근 케이크	6	레몬 차
7	초콜릿 우유	8	토마토 주스
9	마시는 물	10	크림 탄산음료

우리 얼굴

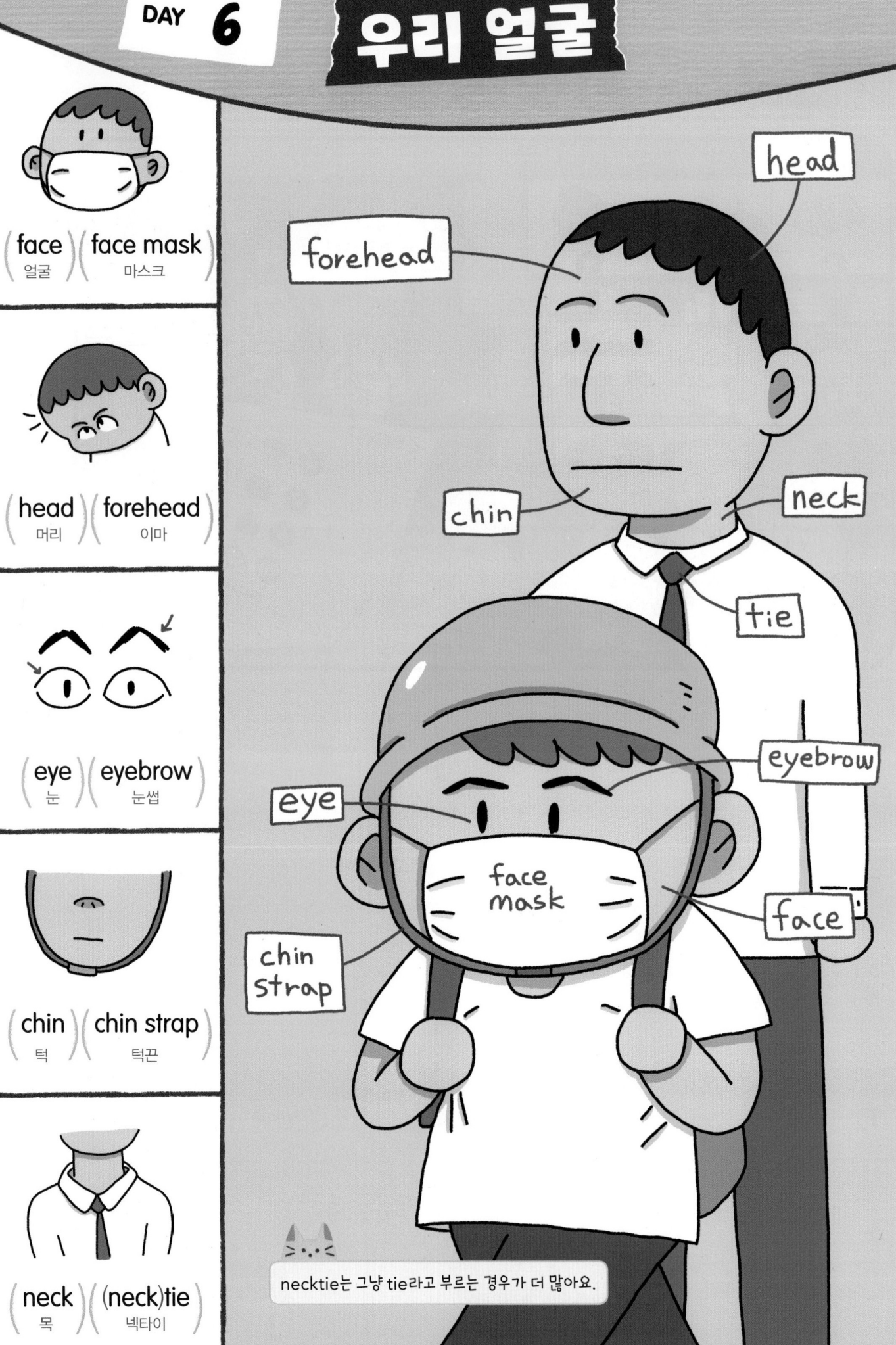

(face) (face mask)
  얼굴   마스크

(head) (forehead)
  머리   이마

(eye) (eyebrow)
  눈   눈썹

(chin) (chin strap)
  턱   턱끈

(neck) ((neck)tie)
  목   넥타이

necktie는 그냥 tie라고 부르는 경우가 더 많아요.

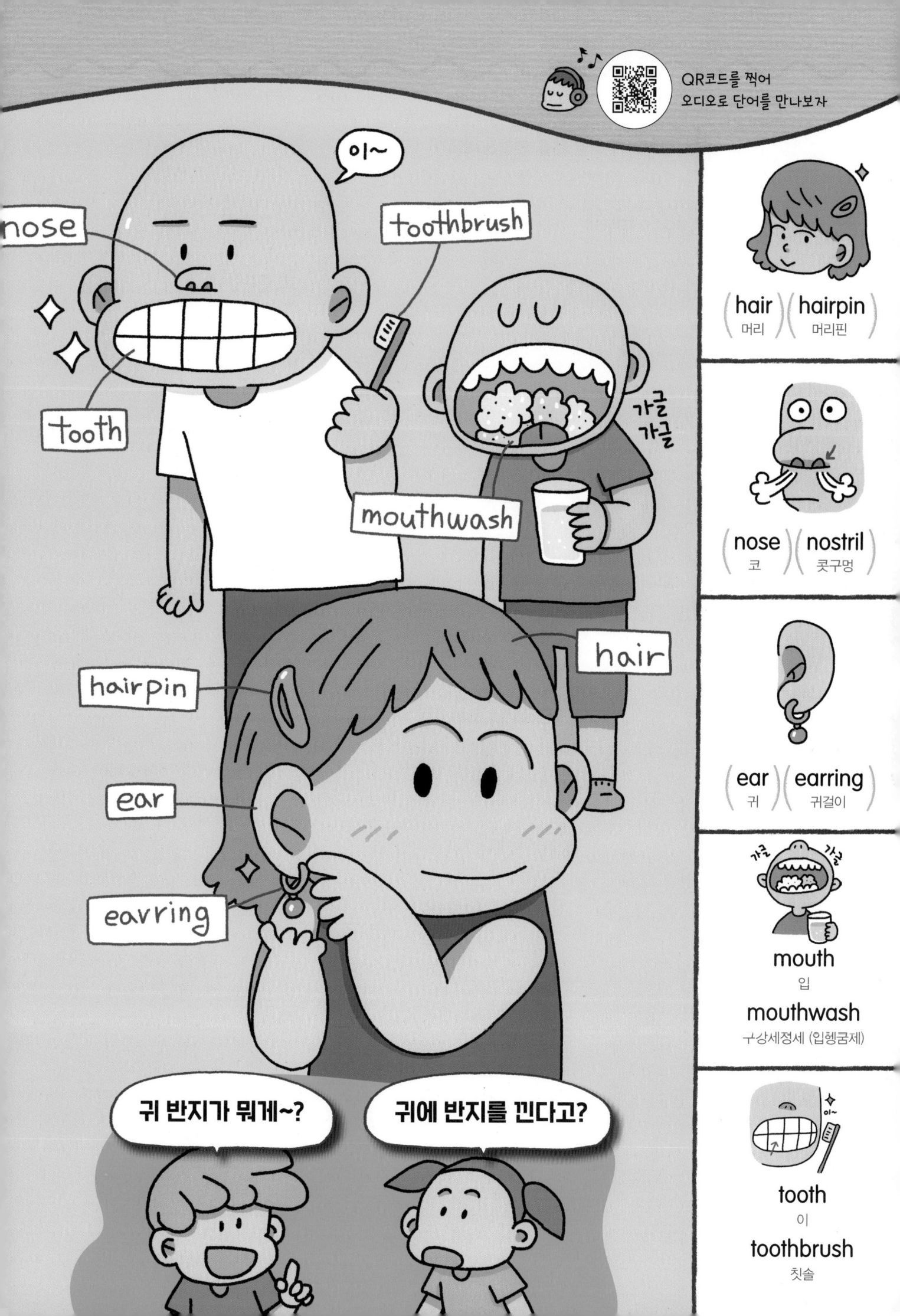

face, face mask	얼굴, 마스크
eye, eyebrow	코, 콧구멍
neck, tie	입, 구강세정제
nose, nostril	눈, 눈썹
mouth, mouthwash	목, 넥타이

Step2 문장 우리말에 맞게 영어 문장을 완성하세요. 앞의 QR코드를 찍어 완성된 문장을 들어보자

1 I have a _____ _____. 나는 마스크가 있어요.

2 I have a _____. 나는 머리핀이 있어요.

3 I have a _____. 나는 넥타이가 있어요.

4 I have a _____. 나는 칫솔이 있어요.

5 I have a _____. 나는 구강세정제가 있어요.

6 I _____ _____ _____. 나는 이마가 있어요.

7 I have _____s. 나는 귀걸이가 있어요.

8 I _____ _____s. 나는 눈썹이 있어요.

9 I _____ _____s. 나는 콧구멍이 있어요.

10 It has a _____. 그것은 턱끈이 있어요.

I have ~는 '나는 ~을 가지고 있어요' '나는 ~이 있어요'라는 뜻이에요.
귀걸이, 눈썹, 콧구멍은 두 개니까 끝에 s가 들어가요.

그림과 우리말 뜻에 알맞은 짝꿍 단어를 빈칸에 쓰세요.

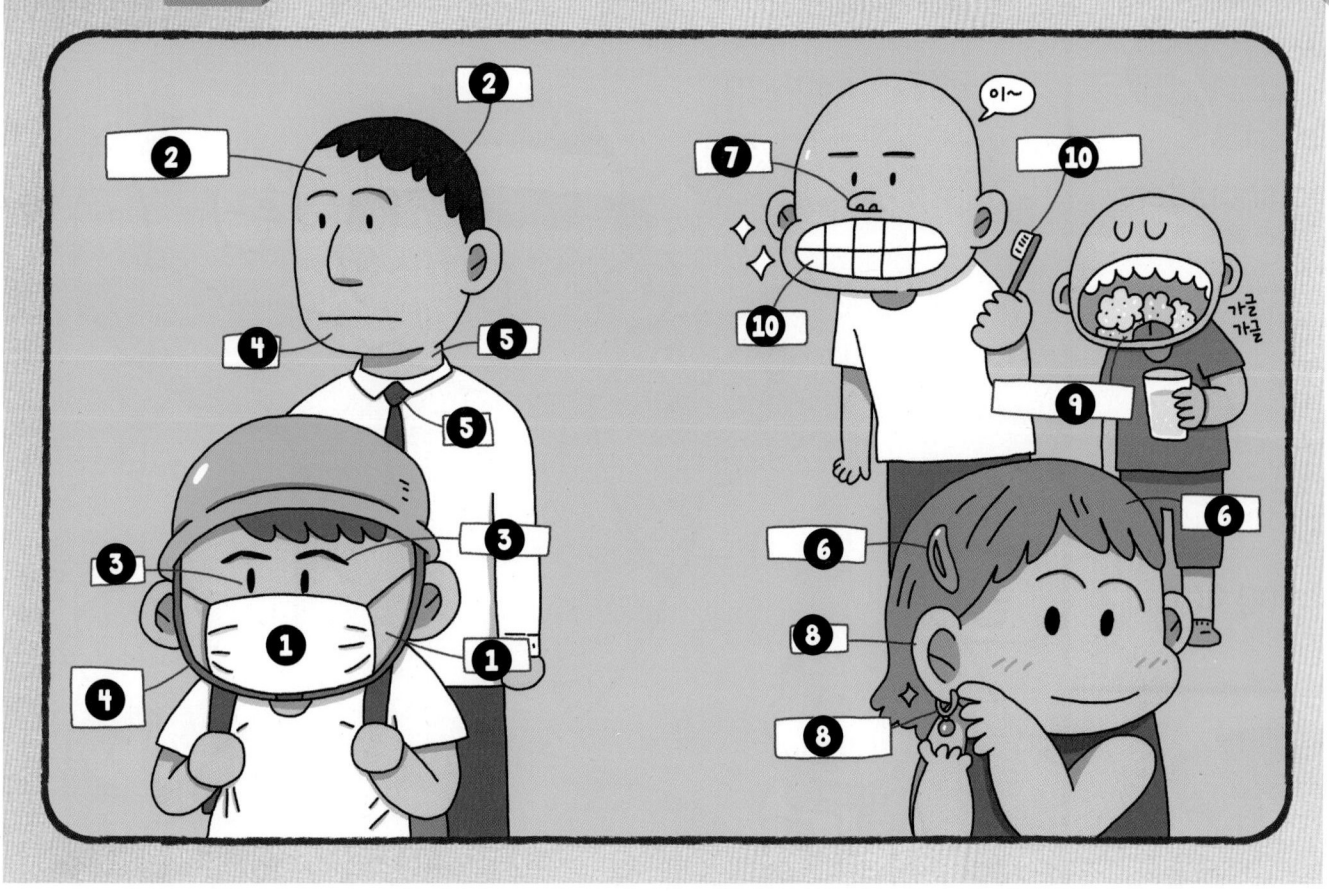
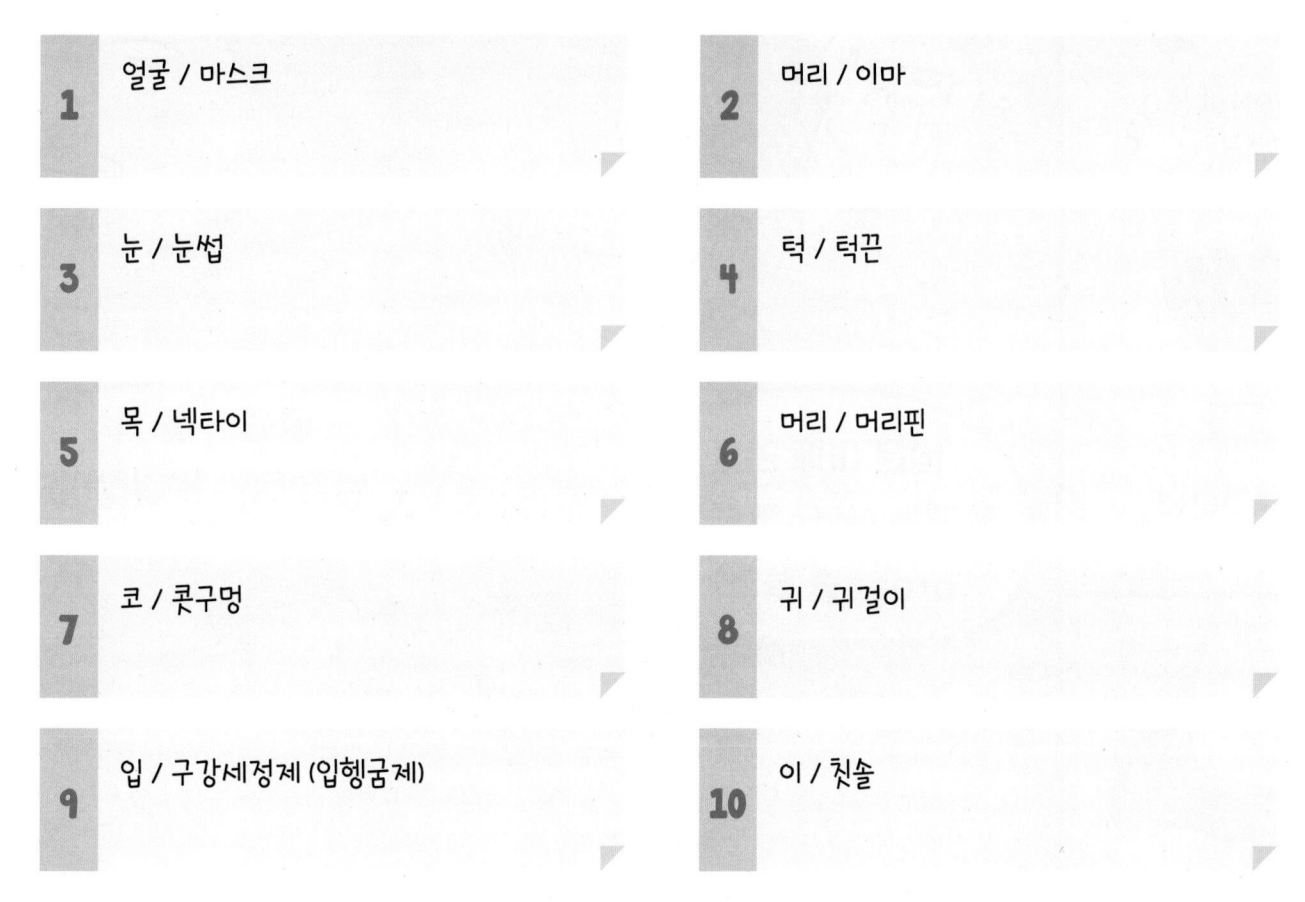

1	얼굴 / 마스크	2	머리 / 이마
3	눈 / 눈썹	4	턱 / 턱끈
5	목 / 넥타이	6	머리 / 머리핀
7	코 / 콧구멍	8	귀 / 귀걸이
9	입 / 구강세정제 (입헹굼제)	10	이 / 칫솔

우리 몸

broad shoulders
넓은 어깨

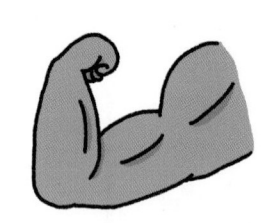

strong arm
강한 팔

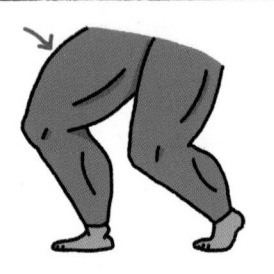

powerful leg
힘센 다리

dark hand
어두운 색의 손

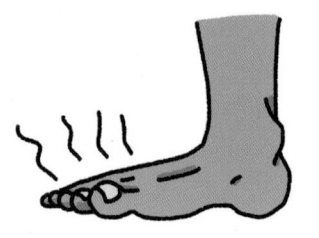

smelly foot
냄새나는 발

strong arm

dark hand

와우~

broad

Shoulder

오~

흡~

짝짝짝~

smelly foot

억! 냄새

'넓은 어깨'라고 할 때는 wide를 쓸까, broad를 쓸까?

글쎄… 둘 다 '넓은'이란 뜻이잖아.

broad와 wide는 둘 다 '넓은'이라는 뜻이지만, 넓은 어깨를 말할 때는 broad를 써요. 어깨가 넓다고 할 때는 양쪽 어깨를 말하는 거니까 shoulder에 s를 붙여요. '냄새나다'라는 단어 smell에 ly를 붙여서 '냄새나는'이라는 뜻이 됐어요.

Straight
back

Slim
hips

little
finger

curly tail

middle
toe

hip은 원래 허리 밑에 뼈가 튀어나온 고관절을 가리키는 말이에요.
동그란 엉덩이는 buttocks 또는 bottom이에요.

straight back
꼿꼿한 등

slim hips
날씬한 골반(엉덩이)

little finger
새끼 손가락

middle toe
가운데 발가락

curly tail
동그랗게 말린 꼬리

strong arm   새끼 손가락

dark hand   강한 팔

straight back   꼿꼿한 등

little finger   어두운 색의 손

curly tail   동그랗게 말린 꼬리

Step2 문장 우리말에 맞게 영어 문장을 완성하세요.  앞의 QR코드를 찍어 완성된 문장을 들어보자

1. He has _____ _____s. 그는 넓은 어깨를 가지고 있다.

2. He has _____ _____s. 그는 강한 팔을 가지고 있다.

3. He has _____ _____s. 그는 어두운 색의 손을 가지고 있다.

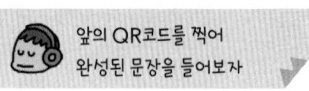
He, She, It이 주어이면 have가 has가 되어 '~을 가지고 있다'라는 뜻이 되지요. foot의 복수형은 foots가 아니라 feet이 됩니다.

4. He has _____ _____. 그는 냄새나는 발을 가지고 있다.

5. He has _____ _____s. 그는 힘센 다리를 가지고 있다.

6. She has a _____ _____. 그녀는 꼿꼿한 등을 가지고 있다.

7. She has _____ _____s. 그녀는 날씬한 골반을 가지고 있다.

8. She has two _____ _____s. 그녀는 두 개의 새끼 손가락을 가지고 있다.

9. She has _____ _____ _____s. 그녀는 두 개의 가운데 발가락을 가지고 있다.

10. The cat has a _____ _____. 그 고양이는 동그랗게 말린 꼬리를 가지고 있다.

그림과 우리말 뜻에 알맞은 짝꿍 단어를 빈칸에 쓰세요.

1	넓은 어깨	**2**	강한 팔
3	힘센 다리	**4**	어두운 색의 손
5	냄새나는 발	**6**	꼿꼿한 등
7	날씬한 골반(엉덩이)	**8**	새끼 손가락
9	가운데 발가락	**10**	동그랗게 말린 꼬리

직업

movie actor
영화 배우

traffic cop
교통 경찰

pop singer
인기 가수 (팝 가수)

computer scientist
컴퓨터 과학자

해당하는
단어의 그림을
찾아 동그라미
하세요.

hospital nurse
병원 간호사

QR코드를 찍어
오디오로 단어를 만나보자

따끔
합니다~

슝―

TAXI

Hotel
Restaurant

영어의 '영화 배우'는 남자와
여자의 성에 따라 다르게 표현해.

I'm an
actor.

I'm an
actress.

animal doctor '동물 의사'는
vet '수의사'라고 많이 해요.

taxi driver
택시 운전사

jet pilot
제트기 조종사

hotel chef
호텔 요리사

animal doctor
동물 의사

fashion model
패션(유행) 모델

단어 단어와 우리말 뜻을 연결하세요.

movie actor	병원 간호사
pop singer	동물 의사
hospital nurse	인기 가수
jet pilot	제트기 조종사
animal doctor	영화 배우

 Step2

문장 우리말에 맞게 영어 문장을 완성하세요.

앞의 QR코드를 찍어 완성된 문장을 들어보자

❶ I want to be a _____ _____. 나는 영화 배우가 되기를 원해.

❷ I want to be a _____ _____. 나는 교통 경찰이 되기를 원해.

❸ I want to be a _____ _____. 나는 인기 가수가 되기를 원해.

❹ I want to be a _____ _____. 나는 병원 간호사가 되기를 원해.

❺ I want to be a _____ _____. 나는 제트기 조종사가 되기를 원해.

❻ I want to be an _____ _____. 나는 동물 의사가 되기를 원해.

❼ I want to be _____ _____ _____. 나는 호텔 요리사가 되기를 원해.

❽ I want to _____ _____ _____ _____. 나는 택시 운전사가 되기를 원해.

❾ I want _____ _____ _____ _____ _____. 나는 컴퓨터 과학자가 되기를 원해.

❿ I _____ _____ _____ _____ _____ _____. 나는 패션 모델이 되기를 원해.

I want to be a ~은 장래에 되고 싶은 것을 말할 때 쓰는 표현이에요.

그림과 우리말 뜻에 알맞은 짝꿍 단어를 빈칸에 쓰세요.

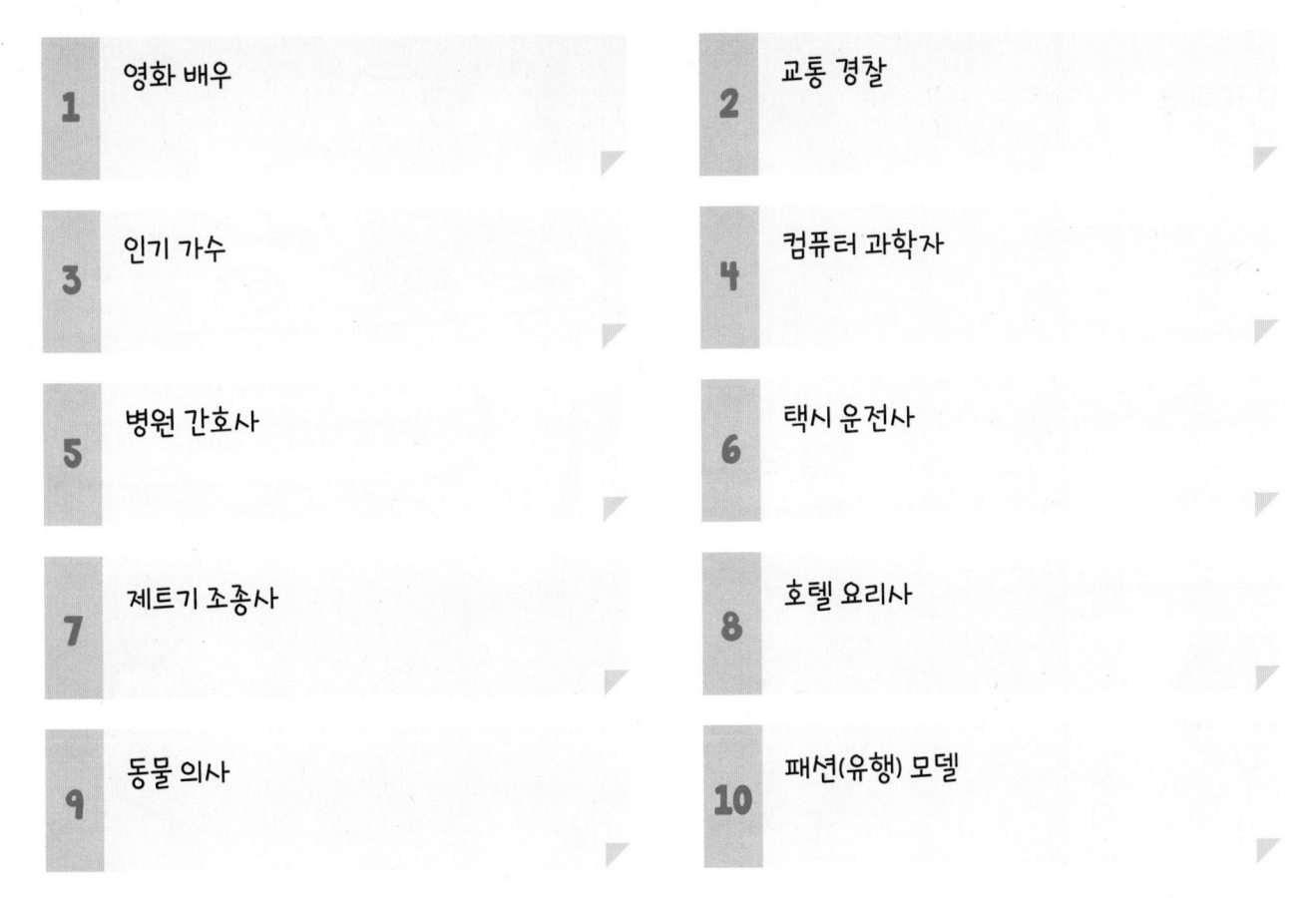

1	영화 배우	2	교통 경찰
3	인기 가수	4	컴퓨터 과학자
5	병원 간호사	6	택시 운전사
7	제트기 조종사	8	호텔 요리사
9	동물 의사	10	패션(유행) 모델

색깔

black knight
흑기사 (검은 기사)

white wine
화이트 와인 (백 포도주)

red rose
빨간 장미

blue sea
파란 바다

yellow balloon
노란 풍선

knight(기사)에서 k는 소리가 나지 않아요. 그래서 night(밤)와 똑같은 소리가 나지요.

white wine	녹색 풀
blue sea	자주색, 보라색
gray smoke	화이트 와인
color purple	회색 연기
green grass	파란 바다

❶ Look at the _____ _____. 저 노란 풍선을 봐.

❷ Look at the _____ _____. 저 빨간 장미를 봐.

> Look at ~(~을 봐)은 상대방에게 무언가를 보도록 요구하는 말이에요.

❸ Look at the _____ _____. 저 녹색 풀을 봐.

❹ Look at the _____ _____. 저 회색 연기를 봐.

❺ Look at the _____ _____. 저 화이트 와인을 봐.

❻ Look at the _____ _____. 저 자주색을 봐.

❼ Look at the _____ _____. 저 갈색 양말을 봐.

❽ Look at the _____ _____. 저 분홍 드레스를 봐.

❾ Look at _____ _____ _____. 저 파란 바다를 봐.

❿ _____ _____ _____ _____. 저 흑기사를 봐.

Step3 확인

그림과 우리말 뜻에 알맞은 짝꿍 단어를 빈칸에 쓰세요.

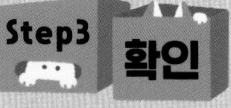

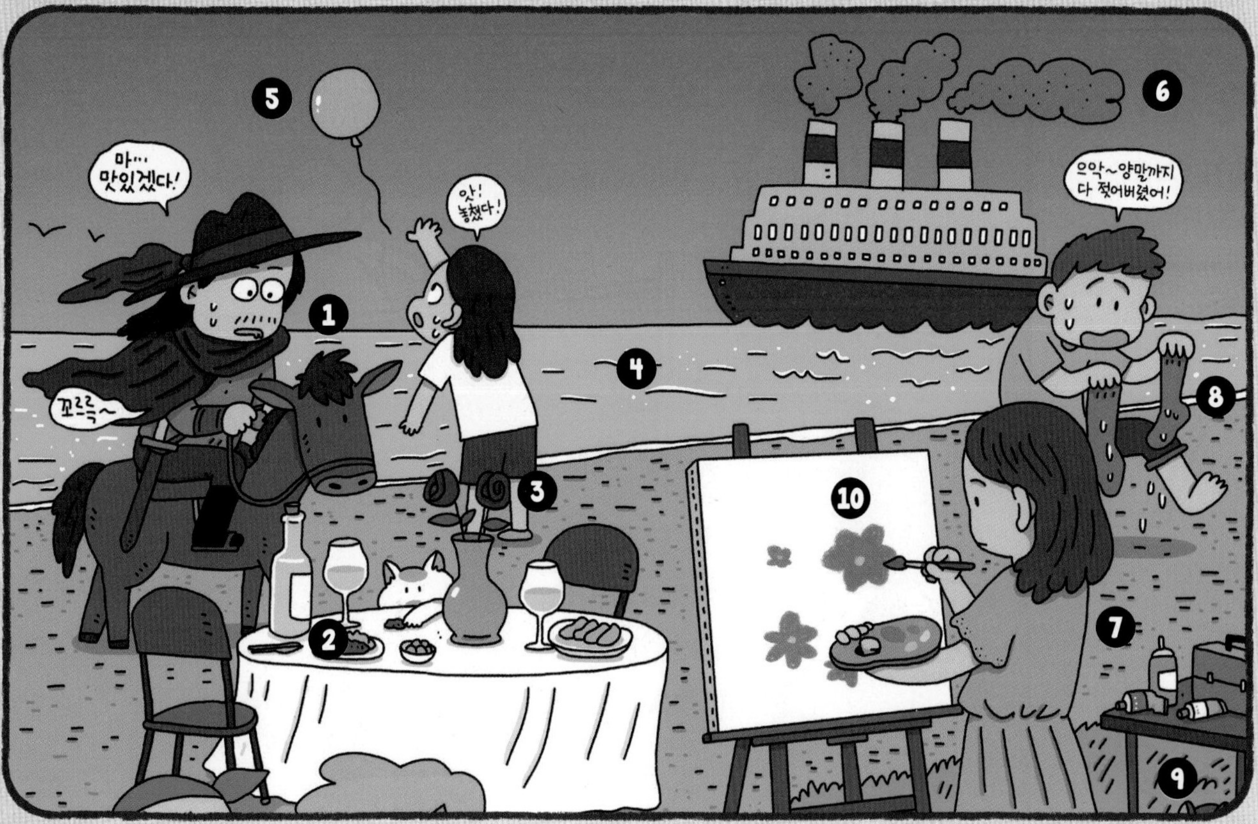

1 흑기사 (검은 기사)	**2** 화이트 와인 (백 포도주)
3 빨간 장미	**4** 파란 바다
5 노란 풍선	**6** 회색 연기
7 분홍 드레스	**8** 갈색 양말
9 녹색 풀	**10** 자주색, 보라색

스포츠

swim cap
수영 모자 (수모)

tennis racket
테니스 라켓

baseball bat
야구 방망이

soccer ball
축구공

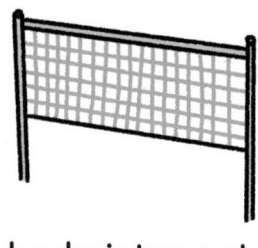

badminton net
배드민턴 네트(그물)

Step1 단어 단어와 우리말 뜻을 연결하세요.

ice skate	야구 방망이
golf hole	수영 모자 (수모)
badminton net	골프 홀 (구멍)
baseball bat	아이스(얼음) 스케이트
swim cap	배드민턴 네트(그물)

Step2 문장 우리말에 맞게 영어 문장을 완성하세요.

1. Is this your _____ ? 이것이 너의 수영 모자니?

2. Is this your _____ ? 이것이 너의 테니스 라켓이니?

3. Is this _____ ? 이것이 너의 스키 틀이니?

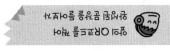
This is ~ (이것이 ~이다)는 표현에서 주어인 this와 동사 is의 위치만 바꾸면 Is this ~?(이것이 ~이니?)라고 물어보는 표현이 됩니다. 주어가 복수일 때는 Are these~?라고 해요.

4. Is this his _____ ? 이것이 그의 축구공이니?

5. Is this his _____ ? 이것이 그의 야구 방망이니?

6. Is this _____ ? 이것이 그의 배드민턴 네트이니?

7. Is this her _____ ? 이것이 그녀의 하키 스틱이니?

8. Is _____ ? 이것이 나의 아이스 스케이트이니?

9. Is this the _____ ? 이것이 골프 홀이니?

10. Are these her _____ ? 이것이 그녀의 스키들도 그것이니?

그림과 우리말 뜻에 알맞은 짝꿍 단어를 빈칸에 쓰세요.

1	수영 모자 (수모)	2	테니스 라켓
3	야구 방망이	4	축구공
5	배드민턴 네트(그물)	6	하키 스틱(막대기)
7	골프 홀(구멍)	8	스키 폴
9	아이스 스케이트	10	스노보드 고글(안경)

숫자 I

I (one) 일	**II** (eleven) 십일
2 (two) 이	**I2** (twelve) 십이
3 (three) 삼	**I3** (thirteen) 십삼
4 (four) 사	**I4** (fourteen) 십사
5 (five) 오	**I5** (fifteen) 십오

13부터는 뒤에 teen을 붙이네요~

미국에서는 teen이 붙는 13세부터 teenager(10대)가 되는 거야~

11에서 15까지는 주의해야 해요. 14 하나만 four + teen으로 간단해요. 나머지는 조금씩 바뀌니까 어떻게 바뀌는지 잘 살펴 보세요.

이십 twenty **20**	십 ten **10**	
열아홉 nineteen **19**	아홉 nine **9**	
열여덟 eighteen **18**	여덟 eight **8**	
열일곱 seventeen **17**	일곱 seven **7**	
열여섯 sixteen **16**	여섯 six **6**	

eighteen: eight + teen에서 t가 하나 없어진 거예요. twenty(20)는 two + ten을 합쳐서 twen을 만들고 쓰이 ty를 붙인 거예요.

QR코드를 찍어 오디오를 들으며 단어를 따라 읽어요

one, eleven	3(삼), 13(십삼)
three, thirteen	9(구), 19(십구)
five, fifteen	7(칠), 17(십칠)
seven, seventeen	1(일), 11(십일)
nine, nineteen	5(오), 15(십오)

Step2 **문장** 우리말에 맞게 영어 문장을 완성하세요.

앞의 QR코드를 찍어
완성된 문장을 들어보자

① It is _____ _____. 1시 11분이야.

② It is _____ _____. 2시 12분이야.

③ It is _____ _____. 3시 13분이야.

④ It is _____ _____. 4시 14분이야.

⑤ It is _____ _____. 5시 15분이야.

⑥ It's _____ _____. 6시 16분이야.

⑦ It's _____ _____. 7시 17분이야.

⑧ It's _____ _____. 8시 18분이야.

⑨ It's _____ _____. 9시 19분이야.

⑩ It's _____ _____. 10시 20분이야.

현재 시간을 표현할 때는 'It is 시간, 분'으로 말하면 되어요. It is를 줄여서 It's로 많이 말해요.

56

Step3 확인 그림과 우리말 뜻에 알맞은 짝꿍 단어를 빈칸에 쓰세요.

1 1 일 / 11 십일

2 2 이 / 12 십이

3 3 삼 / 13 십삼

4 4 사 / 14 십사

5 5 오 / 15 십오

6 6 육 / 16 십육

7 7 칠 / 17 십칠

8 8 팔 / 18 십팔

9 9 구 / 19 십구

10 10 십 / 20 이십

숫자 Ⅱ

20	twenty 이십
22	twenty-two 이십이
30	thirty 삼십
33	thirty-three 삼십삼
40	forty 사십
44	forty-four 사십사
50	fifty 오십
55	fifty-five 오십오
60	sixty 육십
66	sixty-six 육십육

미국 돈을 가지고 20부터 배워보자.

'달러' 말씀하시는 거죠? 좋아요~!

이게 22달러!

44달러!

55달러

33달러

66달러

20부터는 twenty(20) 뒤에 one...nine(1~9)까지 넣어주면 돼요. twenty-one(21), twenty-two(22), twenty-three(23)... four + ty = forty (u는 사라져요.)

Step1 단어

단어와 우리말 뜻을 연결하세요.

thirty, thirty-three	1,000,000(백만), 1,000,000,000(십억)
fifty, fifty-five	30(삼십), 33(삼십삼)
seventy, seventy-seven	50(오십), 55(오십오)
ninety, ninety-nine	70(칠십), 77(칠십칠)
million, billion	90(구십), 99(구십구)

Step2 문장

우리말에 맞게 영어 문장을 완성하세요.

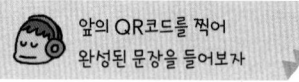 앞의 QR코드를 찍어 완성된 문장을 들어보자

❶ It is _____ dollars. 22달러예요.

❷ It is _____ dollars. 33달러예요.

❸ It is _____ dollars. 44달러예요.

❹ It is _____ dollars. 55달러예요.

> 돈의 액수를 표현할 때는 'It is 액수 dollars'라고 말하고, dollars는 종종 생략하기도 해요.

❺ It is _____ _____. 66달러예요.

❻ It's _____ _____. 77달러예요.

❼ It's _____ _____. 88달러예요.

❽ It's _____ _____. 99달러예요.

❾ It's one thou_____ one _____ dollars. 천백 달러예요.

❿ It's a _____ dollars. 백만 달러예요. / It's a _____ dollars. 십억 달러예요.

Step3 확인 그림과 우리말 뜻에 알맞은 짝꿍 단어를 빈칸에 쓰세요.

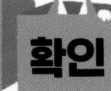

1 20 이십 / 22 이십이

2 30 삼십 / 33 삼십삼

3 40 사십 / 44 사십사

4 50 오십 / 55 오십오

5 60 육십 / 66 육십육

6 70 칠십 / 77 칠십칠

7 80 팔십 / 88 팔십팔

8 90 구십 / 99 구십구

9 100 백 / 1,000 천

10 1,000,000 백만 / 1,000,000,000 십억

뭐 마실거줄까?

손에 들고 다니거나
손목에 차는 시계는 watch,
그 밖에 모든 시계는 clock이야.
clock은 원래 벨 소리가
난다는 뜻이지.

watch

clock

fridge는 원래 refrigerator를 줄인 말인데
실생활에서는 fridge를 더 많이 써요.

clean window
깨끗한 창문

dirty carpet
더러운 카펫

lace curtain
레이스 커튼

kitchen table
부엌 탁자 (식탁)

fridge door
냉장고 문

low ceiling	레이스 커튼
picture frame	깨끗한 창문
clean window	그림 액자
lace curtain	냉장고 문
fridge door	낮은 천장

Step2 문장   우리말에 맞게 영어 문장을 완성하세요.

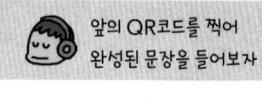 앞의 QR코드를 찍어 완성된 문장을 들어보자

1 There is a _____ _____. 목재 마루가 있어.

2 There is a _____ _____. 더러운 카펫이 있어.

> 'There is +단수 명사',
> 'There are + 복수 명사'는
> '~이 있다'라는 뜻이에요.

3 There is a _____ _____. 부엌 탁자가 있어.

4 There is a _____ _____. 레이스 커튼이 있어.

5 There is a _____ _____. 낮은 천장이 있어.

6 There are two _____ _____s. 두 개의 냉장고 문이 있어.

7 There are two _____ _____s. 두 개의 그림 액자가 있어.

8 There are two _____ _____s. 두 개의 깨끗한 창문이 있어.

9 There are two _____ _____s. 두 개의 벽시계가 있어.

10 There _____ _____ _____ _____s. 두 개의 부드러운 소파가 있어.

그림과 우리말 뜻에 알맞은 짝꿍 단어를 빈칸에 쓰세요.

1 벽시계	**2** 낮은 천장
3 부드러운 소파	**4** 그림 액자
5 목재 마루	**6** 깨끗한 창문
7 더러운 카펫	**8** 레이스 커튼
9 부엌 탁자 (식탁)	**10** 냉장고 문

DAY **14**

욕실

해당하는 단어의 그림을 찾아 동그라미 하세요.

toilet paper
화장지, 휴지 (화장실 종이)

dry towel
마른 수건

wet brush
젖은 솔

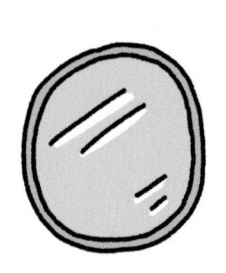

round mirror
둥근 거울

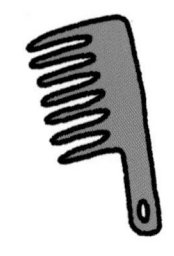

plastic comb
플라스틱 빗

앗! 휴지가 없어!

응?

휴지를 영어로 뭐라고 하는지 맞추면 줄게.

냐~

comb(빗)에서 b는 소리가 나지 않는 묵음이에요.

QR코드를 찍어
오디오로 단어를 만나보자

BODY cleanser

mild sham- poo

bath soap
목욕 비누

mild shampoo
순한(부드러운) 샴푸

body cleanser
보디 클렌저

long bathtub
긴 욕조

toilet은 영국에서 '화장실'을 뜻하지만 미국에서는 '변기'를 가리켜요.
그래서 변기에서 사용하는 종이, 즉 toilet paper가 화장실용 휴지가 되는 거랍니다.

short rug
짧은 깔개

toilet paper	화장지, 휴지
wet brush	순한 샴푸
plastic comb	긴 욕조
mild shampoo	플라스틱 빗
long bathtub	젖은 솔

 **Step2** **문장** 우리말에 맞게 영어 문장을 완성하세요. 앞의 QR코드를 찍어 완성된 문장을 들어보자

① I need a _____ _____. 나는 마른 수건이 필요해.

② I need a _____ _____. 나는 플라스틱 빗이 필요해.

> I need ~은 '나는 ~가 필요해' 라는 뜻입니다.

③ I need a _____ _____. 나는 순한 샴푸가 필요해.

④ I need a _____ _____. 나는 긴 욕조가 필요해.

⑤ I need a _____ _____. 나는 둥근 거울이 필요해.

⑥ I need a _____ _____. 나는 짧은 깔개가 필요해.

⑦ I need a _____ _____. 나는 보디 클렌저가 필요해.

⑧ I need a _____ _____. 나는 젖은 솔이 필요해.

⑨ I need _____ _____. 나는 목욕 비누가 필요해.

⑩ I need _____ _____. 나는 화장지가 필요해.

그림과 우리말 뜻에 알맞은 짝꿍 단어를 빈칸에 쓰세요.

1	화장지, 휴지 (화장실 종이)	2	마른 수건
3	젖은 솔	4	둥근 거울
5	플라스틱 빗	6	목욕 비누
7	순한(부드러운) 샴푸	8	보디 클렌저
9	긴 욕조	10	짧은 깔개

공부방

my pencil
나의 연필

your eraser
너의 지우개

his ruler
그의 자

her glue
그녀의 풀

our room
우리 방

이게 나에게 속한 건지, 너에게 속한 것인지를 표현하는 방법을 알아보자.

내 거냐, 그 애 거냐… 뭐 이런 말이구나~

my pencil

your eraser

his ruler

her glue

our room

QR코드를 찍어
오디오로 단어를 만나보자

its notebook
그것의 공책

this computer
이 컴퓨터

that bag
저 가방

these chairs
이 의자들

those pens
저 펜들

사람이 아닌 동물인 경우에는 its ~(그것의 ~)라고 표현해요.
this, that 다음에는 단수 명사가 오고, these, those 다음에는 복수 명사가 와요.

Step1 단어 — 단어와 우리말 뜻을 연결하세요.

your eraser	저 가방
her glue	너의 지우개
its notebook	저 펜들
that bag	그것의 공책
those pens	그녀의 풀

Step2 문장 — 우리말에 맞게 영어 문장을 완성하세요.

앞의 QR코드를 찍어 완성된 문장을 들어보자

❶ I like to use _____ _____. 저 가방을 사용하고 싶어.

❷ I like to use _____ _____. 저 펜들을 사용하고 싶어.

> I like to use ~ '(나는) ~을 사용하고 싶어'라는 뜻이에요.

❸ I like to use _____ _____. 그의 자를 사용하고 싶어.

❹ I like to use _____ _____. 나의 연필을 사용하고 싶어.

❺ I like to use _____ _____. 이 컴퓨터를 사용하고 싶어.

❻ I like to use _____ _____. 이 의자들을 사용하고 싶어.

❼ I like to use _____ _____. 우리 방을 사용하고 싶어.

❽ I like to _____ _____ _____. 너의 지우개를 사용하고 싶어.

❾ I like _____ _____ _____ _____. 그녀의 풀을 사용하고 싶어.

❿ _____ _____ _____ _____ _____. 그것의 공책을 사용하고 싶어.

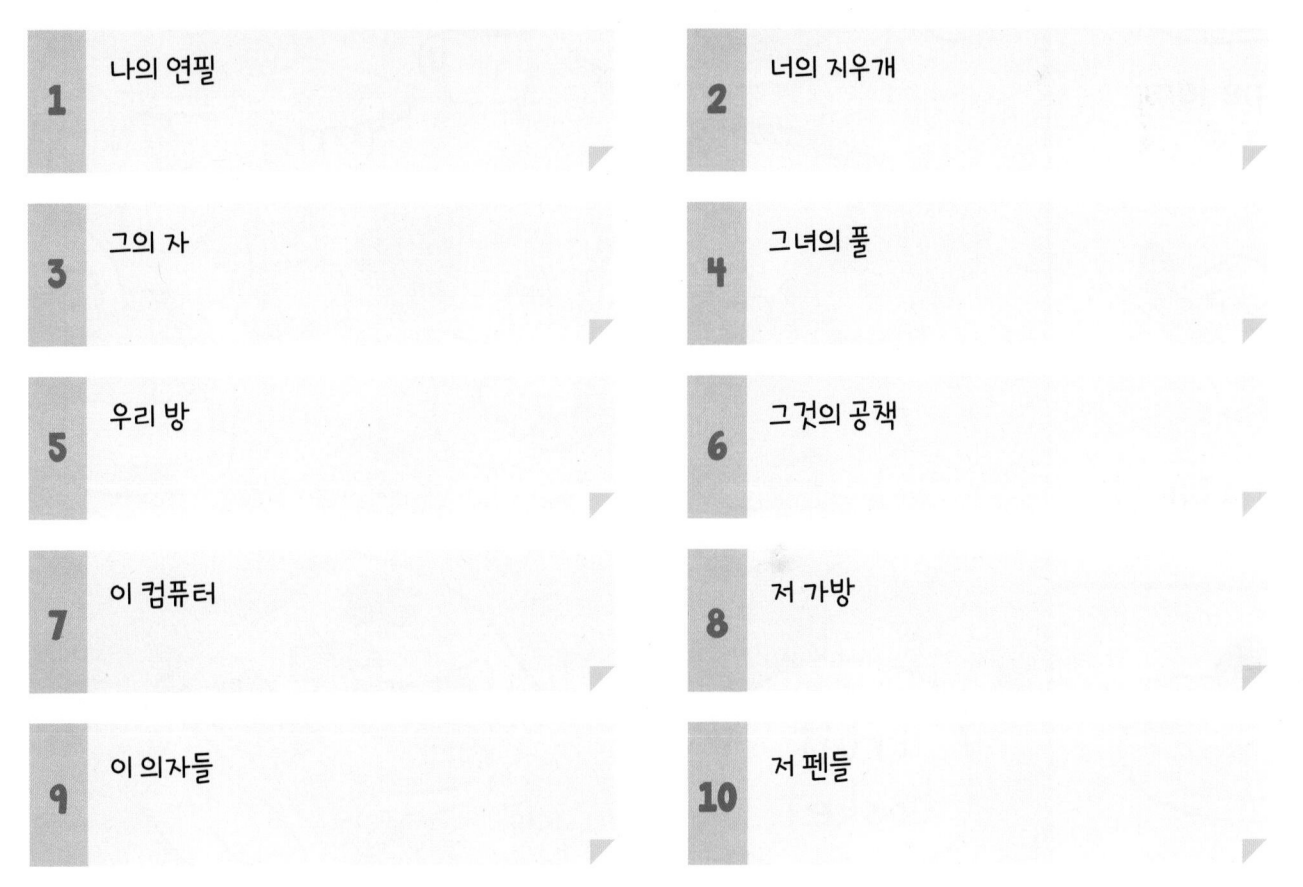

1	나의 연필	2	너의 지우개
3	그의 자	4	그녀의 풀
5	우리 방	6	그것의 공책
7	이 컴퓨터	8	저 가방
9	이 의자들	10	저 펜들

과일

fruit basket
과일 바구니

apple pie
애플파이

grape jam
포도잼

banana bread
바나나 빵

strawberry cake
딸기 케이크

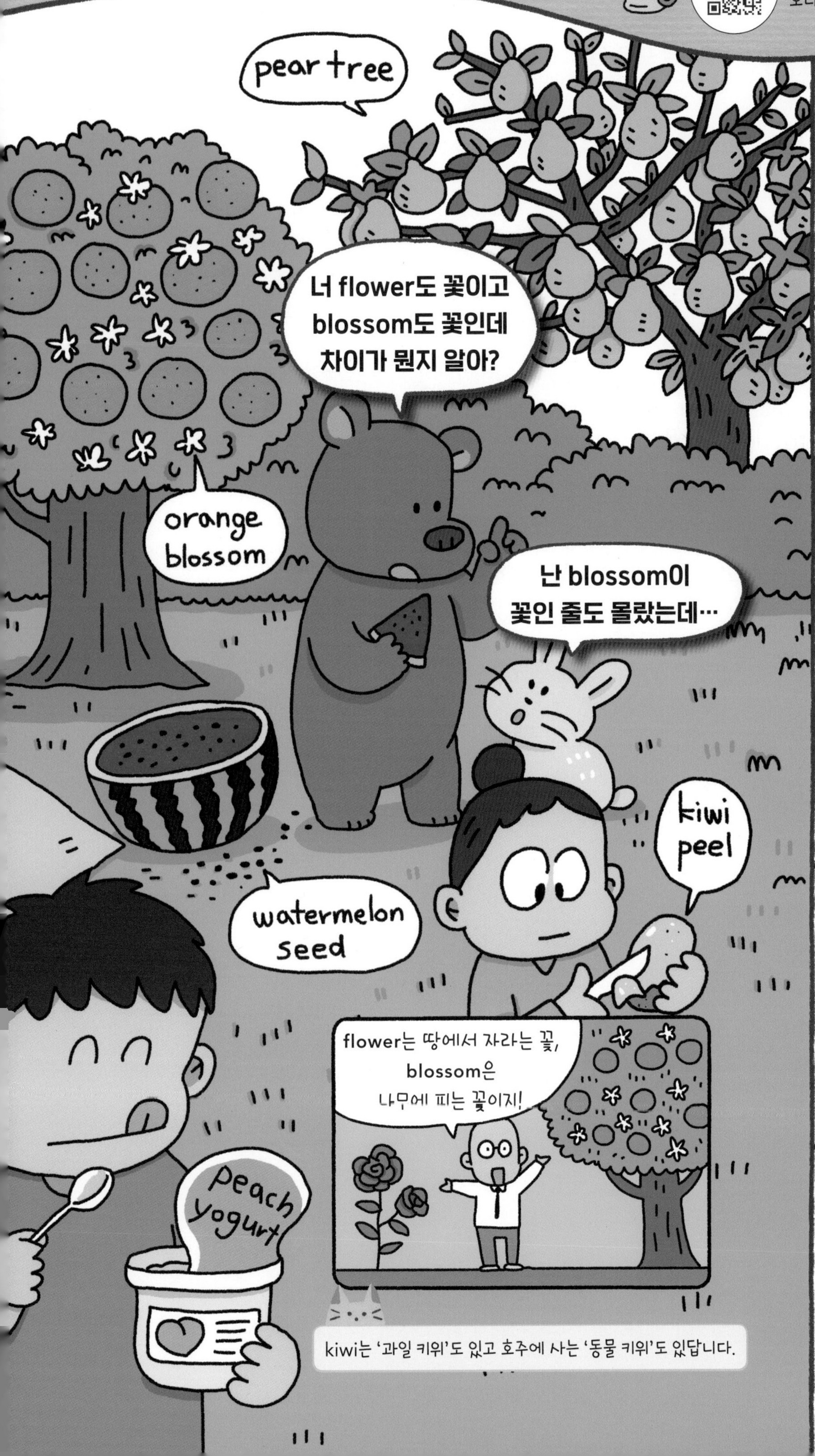

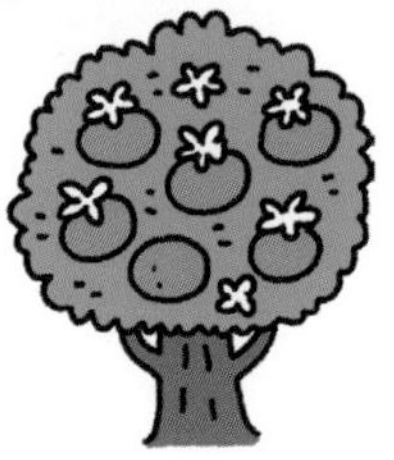

orange blossom
오렌지 꽃

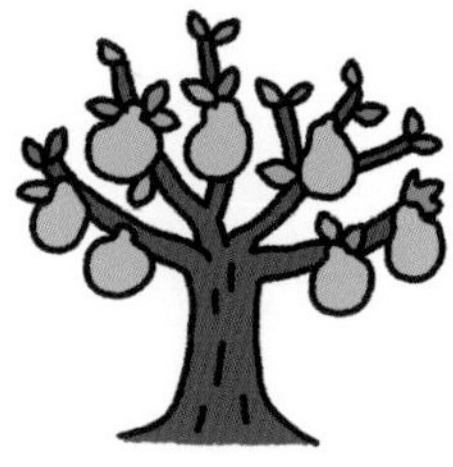

pear tree
배나무

해당하는 단어의 그림을 찾아 동그라미 하세요.

peach yogurt
복숭아 요거트

watermelon seed
수박씨

kiwi peel
키위 껍질

fruit basket	배나무
grape jam	수박씨
strawberry cake	딸기 케이크
pear tree	과일 바구니
watermelon seed	포도잼

① Show me the _____ _____. 수박씨를 보여줘.

② Show me the _____ _____. 포도잼을 보여줘.

③ Show me the _____ _____. 키위 껍질을 보여줘.

④ Show me the _____ _____. 애플 파이를 보여줘.

⑤ Show me the _____ _____. 복숭아 요거트를 보여줘.

⑥ Show me the _____ _____. 오렌지 꽃을 보여줘.

⑦ Show me the _____ _____. 바나나 빵을 보여줘.

⑧ Show me the _____ _____. 배나무를 보여줘.

⑨ Show _____ _____ _____ _____. 딸기 케이크를 보여줘.

⑩ _____ _____ _____ _____. 과일 바구니를 보여줘.

Show me ~은 '~을 보여줘'라는 뜻이에요.

76

Step3 확인

그림과 우리말 뜻에 알맞은 짝꿍 단어를 빈칸에 쓰세요.

1	과일 바구니	2	애플파이

3	포도잼	4	바나나 빵

5	딸기 케이크	6	오렌지 꽃

7	배나무	8	복숭아 요거트

9	수박씨	10	키위 껍질

나라별 상징 동물

(USA) (eagle)
미국   독수리

(Canada)
캐나다
(beaver)
비버

(UK) (lion)
영국   사자

(France)
프랑스
(rooster)
수탉

(Italy) (wolf)
이탈리아   늑대

Canada
beaver

Scotland

Northern
Ireland
England

UK
lion

Wales

France
rooster

USA
eagle

Italy
wolf

USA는 The United(묶여 있는) States(주들) of America(아메리카)
의 약자예요. 미국은 50개의 주가 묶여 있는 나라이지요.

Russia bear

Korea tiger

China panda

Thailand elephant

Australia kangaroo

나라별로 상징 동물
맞추기를 하자.
한국의 상징 동물은?

UK는 The United(묶여 있는) Kingdom(왕국)의 약자예요. 영국은 잉글랜드, 스코틀랜드,
웨일즈, 북아일랜드 왕국들이 묶여 있는 나라예요.

(Korea) (tiger)
한국   호랑이

(Russia) (bear)
러시아   곰

(China) (panda)
중국   팬더

(Australia)
호주
(kangaroo)
캥거루

(Thailand)
태국
(elephant)
코끼리

Step1 단어

단어와 우리말 뜻을 연결하세요.

Thailand, elephant	캐나다, 비버
China, panda	태국, 코끼리
Korea, tiger	프랑스, 수탉
France, rooster	중국, 팬더
Canada, beaver	한국, 호랑이

Step2 문장

우리말에 맞게 영어 문장을 완성하세요. 앞의 카드를 참고 완성된 문장을 읽어보자

> Do you know ~? 는 '너는 ~을 아니?' 등의 뜻으로 궁금한 것을 물어볼 때 쓰는 말이에요.

① Do you know the lion of the UK ?
나는 영국 사자를 아니?

② Do you know the _____ of _____ ?
나는 태국 코끼리를 아니?

③ Do you know the _____ of _____ ?
나는 중국 팬더를 아니?

④ Do you know the _____ of _____ ?
나는 이탈리아 늑대를 아니?

⑤ Do you know the _____ of _____ ?
나는 중국 양쯔강을 아니?

⑥ Do you know _____ of _____ ?
나는 시리아 분출을 아니?

⑦ Do you know _____ of the _____ ?
나는 미국 독수리를 아니?

⑧ Do you know _____ ?
나는 중국 팬더를 아니?

⑨ Do you _____ ?
나는 캐나다 비버를 아니?

⑩ _____ ?
나는 프랑스 수탉을 아니?

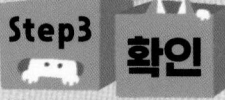

Step3 확인 그림과 우리말 뜻에 알맞은 짝꿍 단어를 빈칸에 쓰세요.

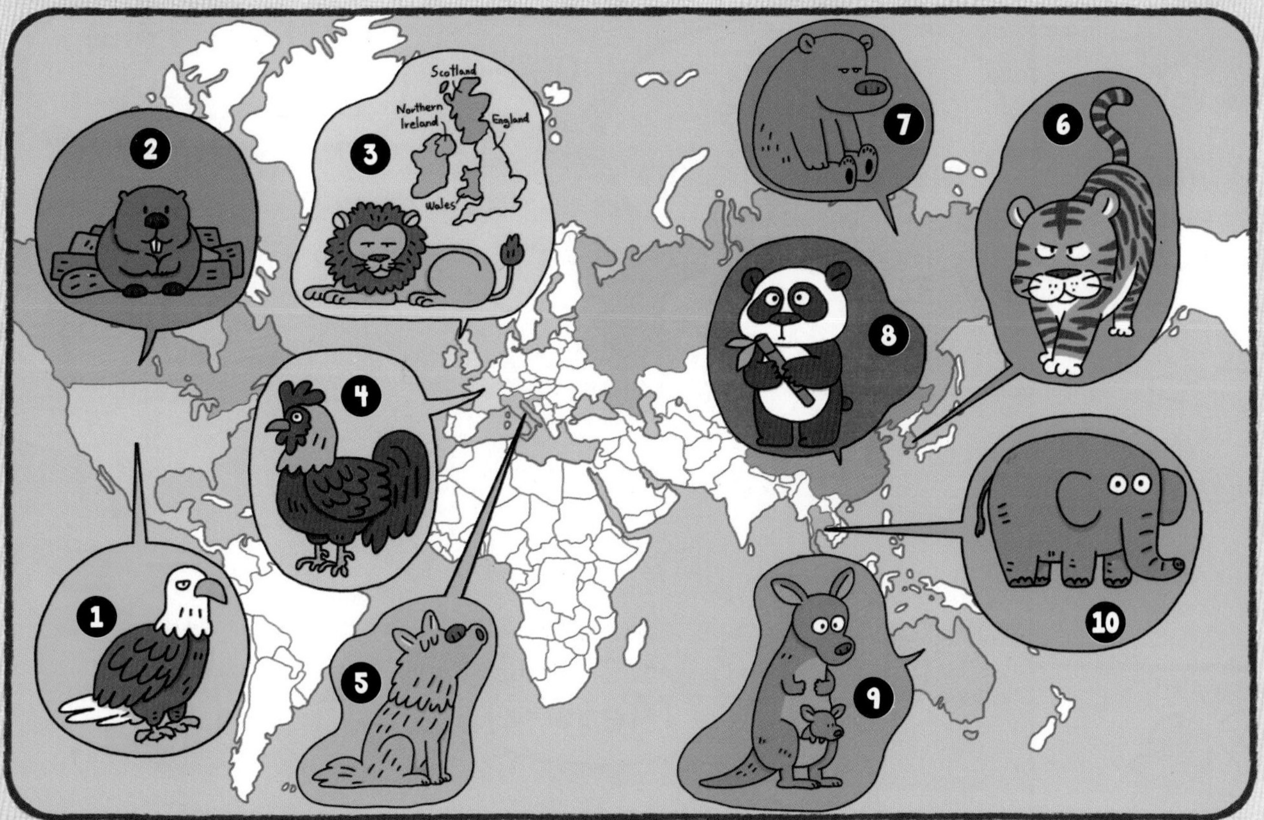

1 미국 / 독수리

2 캐나다 / 비버

3 영국 / 사자

4 프랑스 / 수탉

5 이탈리아 / 늑대

6 한국 / 호랑이

7 러시아 / 곰

8 중국 / 팬더

9 호주 / 캥거루

10 태국 / 코끼리

QR코드를 찍어
오디오로 단어를 만나보자

(sheep)(baa)
양   (음)매

(pig)(oink)
돼지   꿀꿀

(bee)(buzz)
벌   윙윙

(snake)(hiss)
뱀   쉬익

(owl)(hoo)
부엉이 부엉 부엉

우리는 부엉이, 올빼미를 구별하지만 영어에서는 둘 다 owl이라고 해요.

 **단어** 단어와 우리말 뜻을 연결하세요.

cat, meow	뱀, 쉬익
duck, quack	오리, 꽥꽥
bird, tweet	고양이, 야옹
pig, oink	돼지, 꿀꿀
snake, hiss	새, 짹짹

Step2  **문장** 우리말에 맞게 영어 문장을 완성하세요.

앞의 QR코드를 찍어 완성된 문장을 들어보자

① A _____ says "_____." 오리는 꽥꽥 소리를 낸다.

② An _____ says "_____." 부엉이는 부엉 부엉 소리를 낸다.

> 동물이 어떤 소리를 낸다고 할 때도 동사 say(말하다)를 이용해서 표현해요.

③ A _____ says "_____." 돼지는 꿀꿀 소리를 낸다.

④ A _____ says "_____." 새는 짹짹 소리를 낸다.

⑤ A _____ says "_____." 벌은 윙윙 소리를 낸다.

⑥ A _____ says "_____." 개는 왈왈 소리를 낸다.

⑦ A _____ _____ "_____." 뱀은 쉬익 소리를 낸다.

⑧ A _____ _____ "_____." 소는 음매 소리를 낸다.

⑨ A _____ _____ "_____." 양은 (음)매 소리를 낸다.

⑩ _____ _____ _____ "_____." 고양이는 야옹 소리를 낸다.

Step3 확인

그림과 우리말 뜻에 알맞은 짝꿍 단어를 빈칸에 쓰세요.

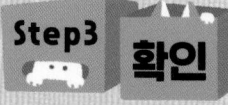

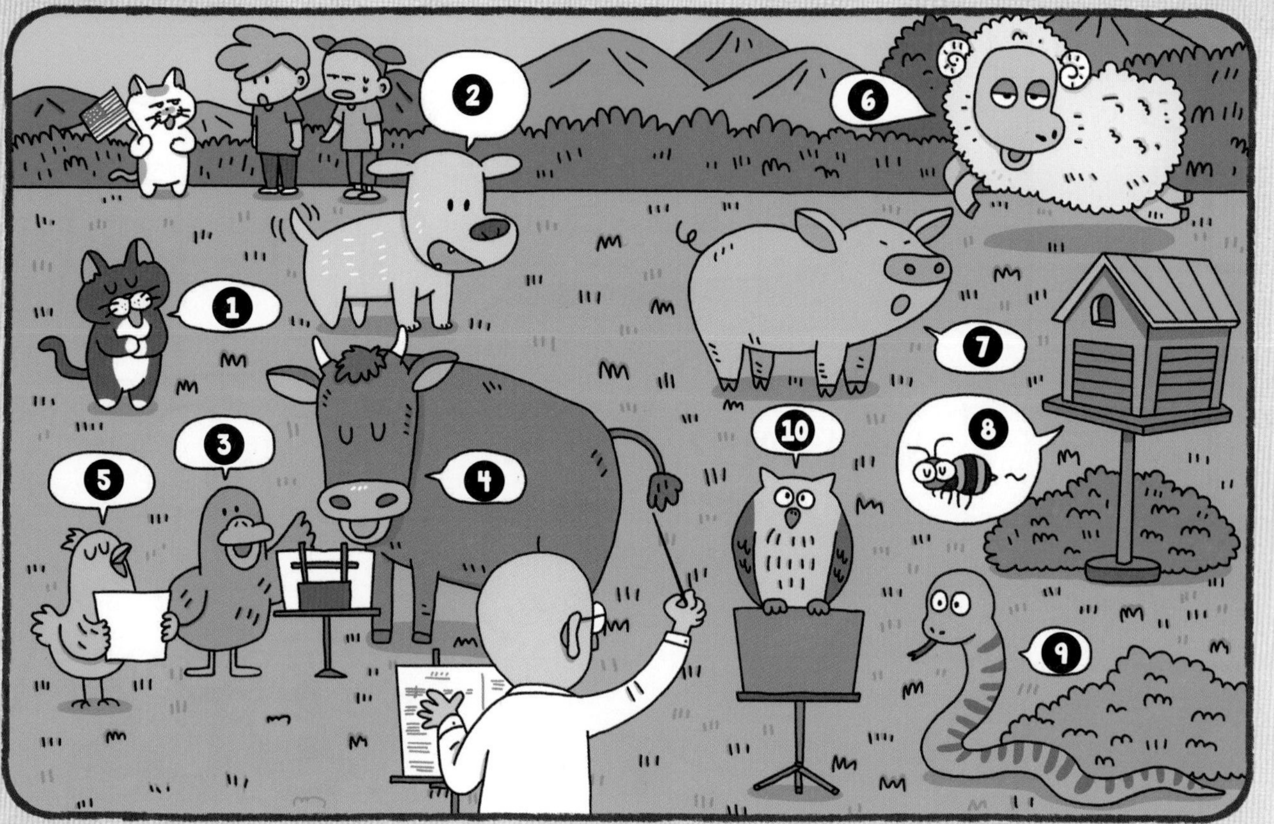

1 고양이 / 야옹

2 개 / 왈왈

3 오리 / 꽥꽥

4 소 / 음매

5 새 / 짹짹

6 양 / (음)매

7 돼지 / 꿀꿀

8 벌 / 윙윙

9 뱀 / 쉬익

10 부엉이 / 부엉 부엉

서수와 음식 재료

1st

first salt
첫 번째 소금

2nd

second sugar
두 번째 설탕

3rd

third pepper
세 번째 후추

4th

fourth sauce
네 번째 소스

5th

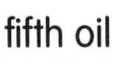
fifth oil
다섯 번째 기름

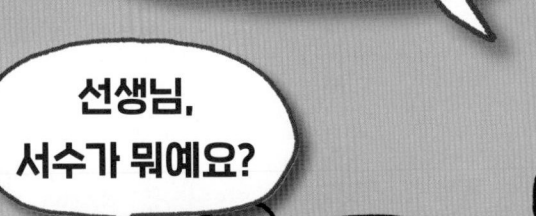
첫 번째, 두 번째…처럼
순서를 말하는 거야.

선생님,
서수가 뭐예요?

 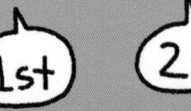   
1st   2nd   3rd   4th   5th

첫 번째, 두 번째, 세 번째를 제외하고 나머지는 숫자 뒤에 th를 붙이면 돼요.
five + th에서 v 대신 (v처럼 입술을 깨물면서 발음하는) f를 쓰고 e는 생략했어요.
그래서 fifth가 된답니다.

sixth ketchup
여섯 번째 케첩

seventh mayo
일곱 번째 마요네즈

eighth butter
여덟 번째 버터

ninth cheese
아홉 번째 치즈

tenth corn
열 번째 옥수수

eight + th는 t가 겹치니까 하나는 생략해서 eighth(여덟 번째)가 돼요.
ninth(아홉 번째)는 nine에서 e가 빠졌어요.
mayo는 mayonnaise[ˈmeɪəneɪz]를 간단히 표현한 말이에요.

Step1 단어 단어와 우리말 뜻을 연결하세요.

second sugar			여덟 번째 버터
fourth sauce			두 번째 설탕
sixth ketchup			열 번째 옥수수
eighth butter			네 번째 소스
tenth corn			여섯 번째 케첩

Step2 문장 우리말에 맞게 영어 문장을 완성하세요. 앞의 QR코드를 찍어 완성된 문장을 들어보자

① Pass me the _____ _____, please.

첫 번째 소금 좀 전달해 줘.

② Pass me the _____ _____, please.

두 번째 설탕 좀 전달해 줘.

③ Pass me the _____ _____, please.

세 번째 후추 좀 전달해 줘.

④ Pass me the _____ _____, please.

네 번째 소스 좀 전달해 줘.

⑤ Pass me _____ _____ _____, please.

다섯 번째 기름 좀 전달해 줘.

⑥ Pass me _____ _____, please.

여섯 번째 케첩 좀 전달해 줘.

⑦ Pass _____ _____ _____, please.

일곱 번째 마요네즈 좀 전달해 줘.

⑧ Pass _____ _____ _____, please.

여덟 번째 버터 좀 전달해 줘.

⑨ _____ _____ _____, please.

아홉 번째 치즈 좀 전달해 줘.

⑩ _____ _____ _____, _____.

열 번째 옥수수 좀 전달해 줘.

> Pass me ~는 식탁에서 무언가를 좀 전달해 달라고 할 때 흔히 쓰는 말이에요.

1	첫 번째 소금	**2**	두 번째 설탕
3	세 번째 후추	**4**	네 번째 소스
5	다섯 번째 기름	**6**	여섯 번째 케첩
7	일곱 번째 마요네즈	**8**	여덟 번째 버터
9	아홉 번째 치즈	**10**	열 번째 옥수수

DAY 20

서수와 동물

11th

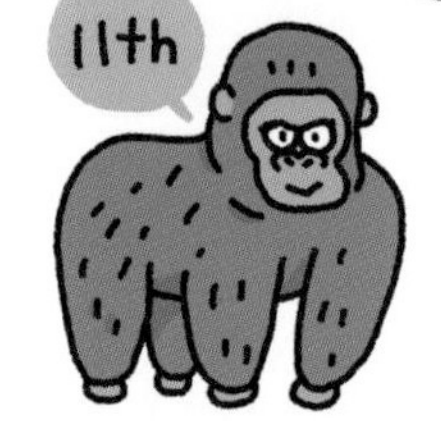

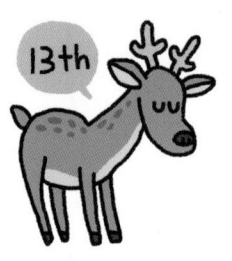

eleventh gorilla
열한 번째 고릴라

12th

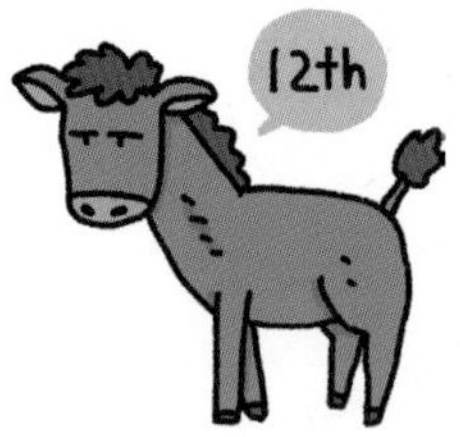

twelfth horse
열두 번째 말

13th

thirteenth deer
열세 번째 사슴

14th

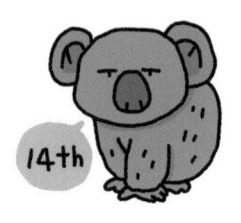

fourteenth koala
열네 번째 코알라

15th

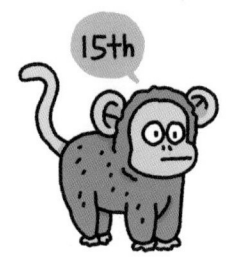

fifteenth monkey
열다섯 번째 원숭이

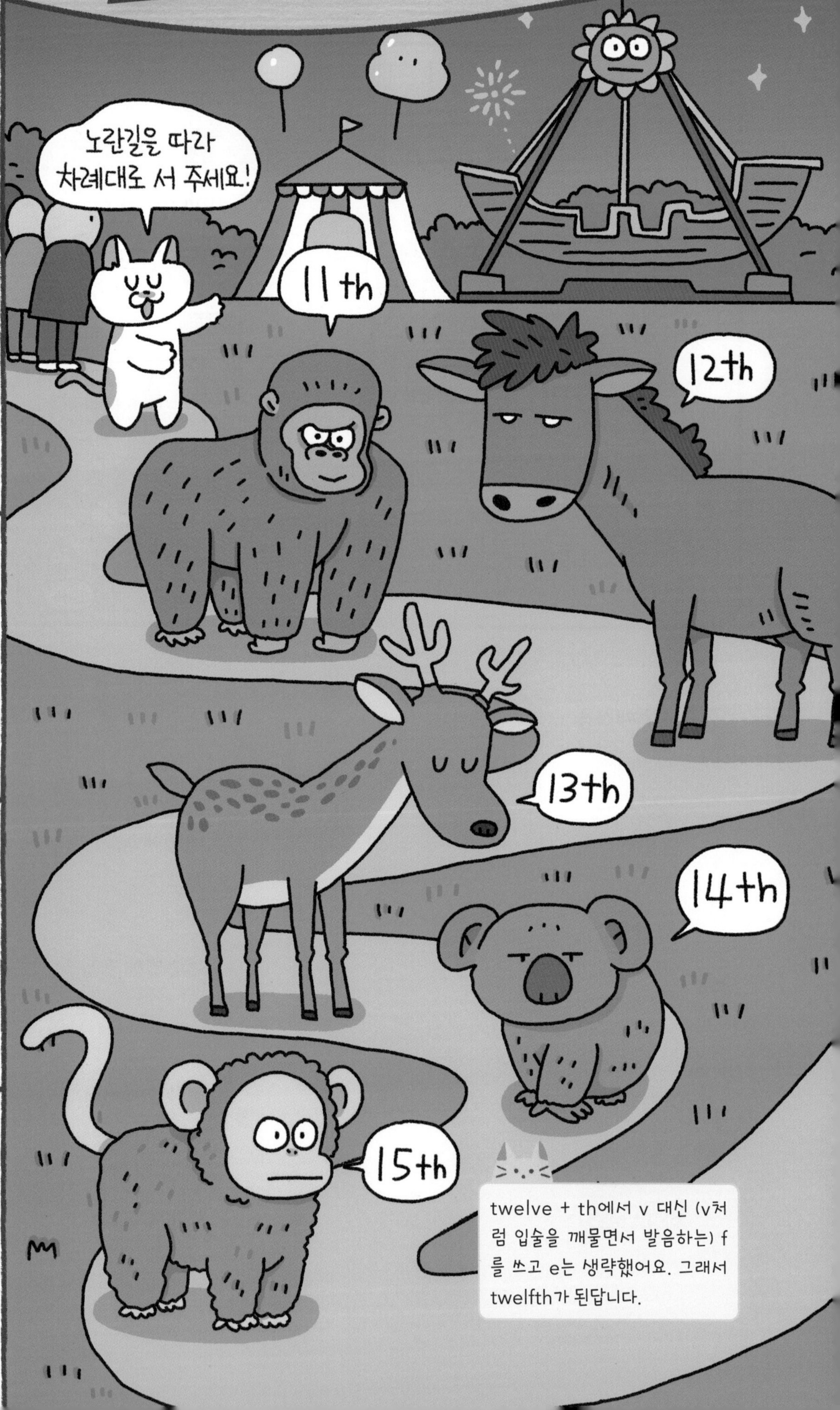

노란길을 따라 차례대로 서 주세요!
11th
12th
13th
14th
15th

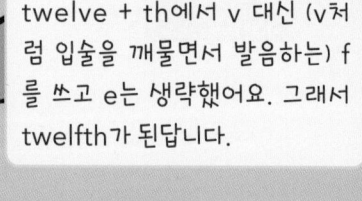

twelve + th에서 v 대신 (v처럼 입술을 깨물면서 발음하는) f를 쓰고 e는 생략했어요. 그래서 twelfth가 된답니다.

QR코드를 찍어
오디오로 단어를 만나보자

해당하는
단어의 그림을
찾아 동그라미
하세요.

sixteenth mouse
열여섯 번째 쥐

seventeenth frog
열일곱 번째 개구리

eighteenth alligator
열여덟 번째 악어

nineteenth whale
열아홉 번째 고래

twentieth penguin
스무 번째 펭귄

eleventh gorilla   열아홉 번째 고래

thirteenth deer   열다섯 번째 원숭이

fifteenth monkey   열일곱 번째 개구리

seventeenth frog   열세 번째 사슴

nineteenth whale   열한 번째 고릴라

Step2 문장 우리말에 맞게 영어 문장을 완성하세요.  앞의 QR코드를 찍어 완성된 문장을 들어보자

1 I'd like to meet the _____ _____ . 나는 열한 번째 고릴라를 만나고 싶어.

2 I'd like to meet the _____ _____ . 나는 열두 번째 말을 만나고 싶어.

3 I'd like to meet the _____ _____ . 나는 열세 번째 사슴을 만나고 싶어.

4 I'd like to meet the _____ _____ . 나는 열네 번째 코알라를 만나고 싶어.

5 I'd like to meet the _____ _____ . 나는 열다섯 번째 원숭이를 만나고 싶어.

6 I'd like to meet _____ _____ _____ . 나는 열여섯 번째 쥐를 만나고 싶어.

7 I'd like to _____ _____ _____ _____ .

나는 열일곱 번째 개구리를 만나고 싶어.

8 I'd like to _____ _____ _____ _____ .

나는 열여덟 번째 악어를 만나고 싶어.

9 I'd _____ _____ _____ _____ _____ .

나는 열아홉 번째 고래를 만나고 싶어.

10 _____ _____ _____ _____ _____ _____ .

나는 스무 번째 펭귄 만나고 싶어.

확인

그림과 우리말 뜻에 알맞은 짝꿍 단어를 빈칸에 쓰세요.

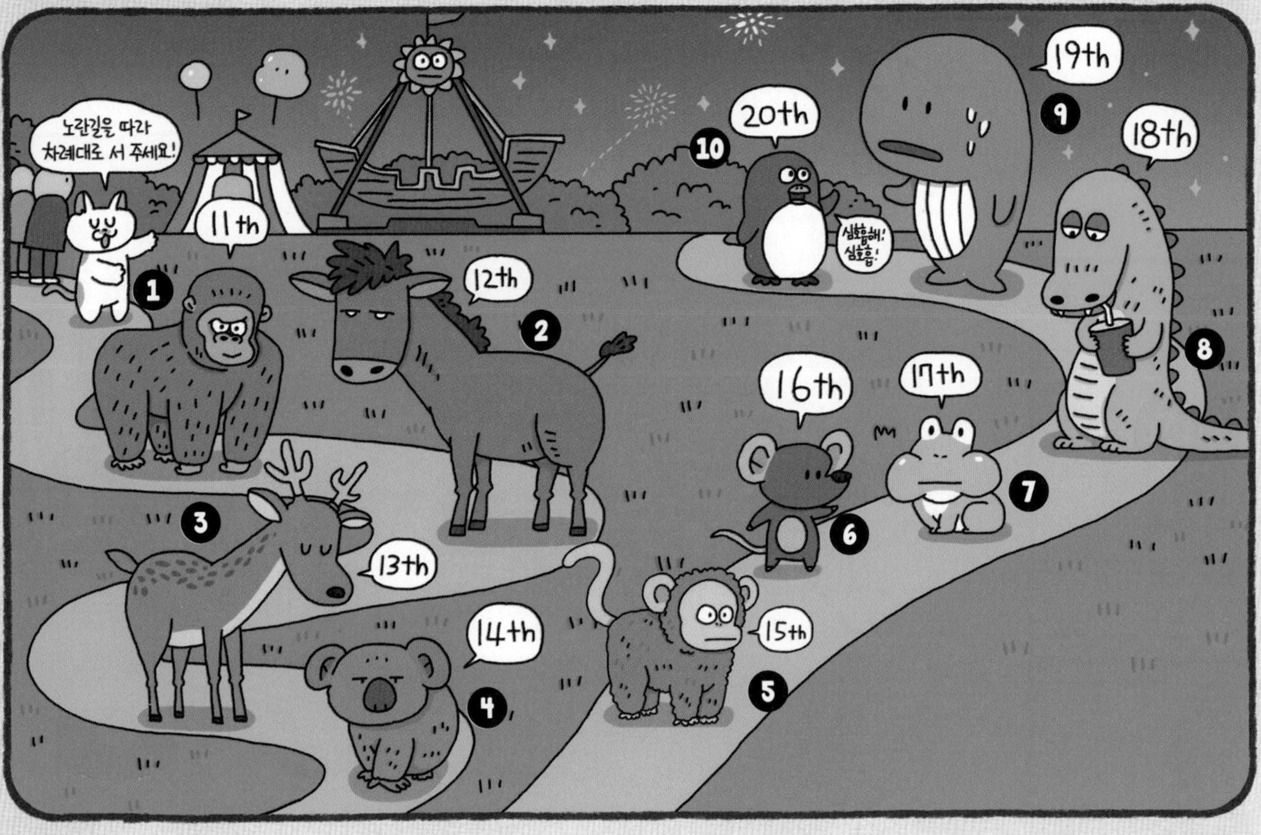

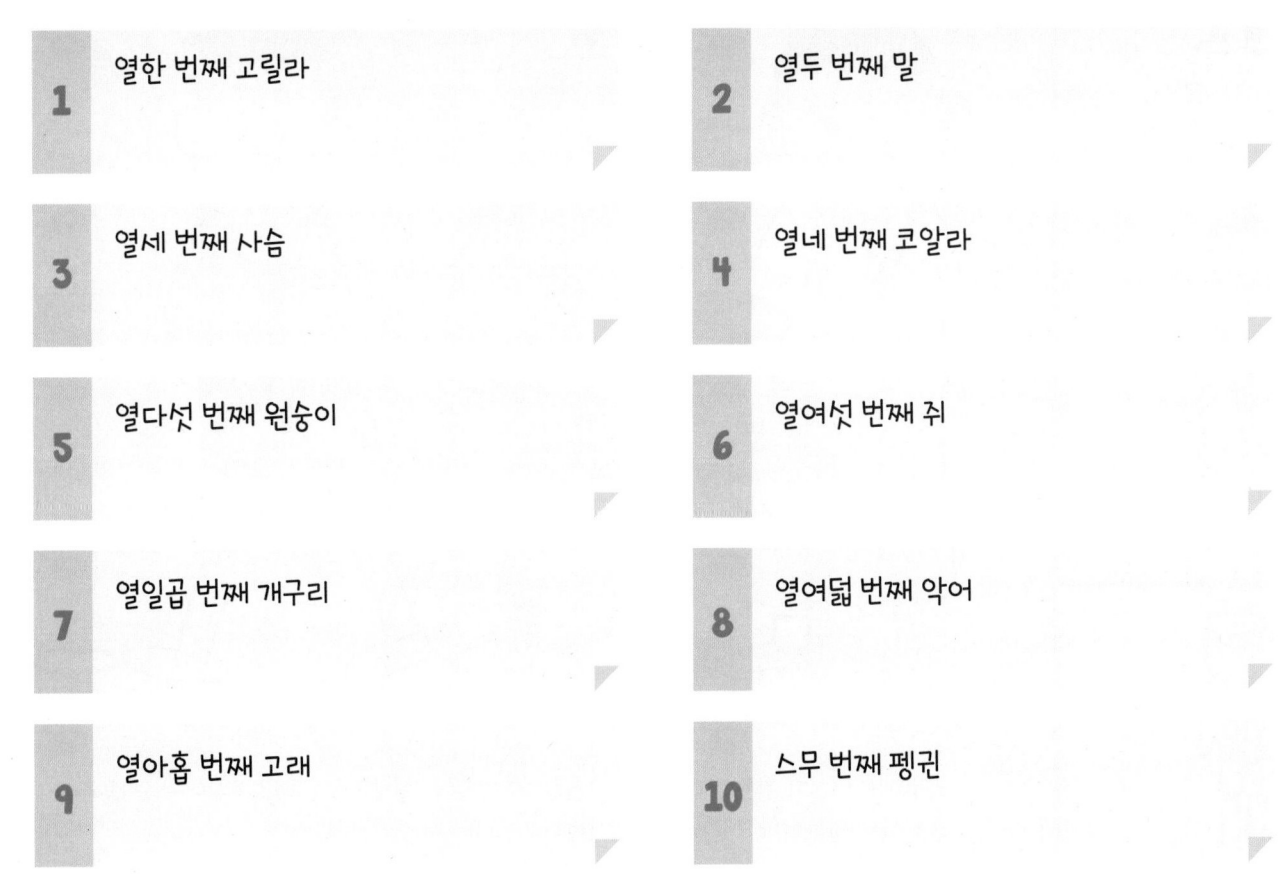

1	열한 번째 고릴라	**2**	열두 번째 말
3	열세 번째 사슴	**4**	열네 번째 코알라
5	열다섯 번째 원숭이	**6**	열여섯 번째 쥐
7	열일곱 번째 개구리	**8**	열여덟 번째 악어
9	열아홉 번째 고래	**10**	스무 번째 펭귄

옷 종류

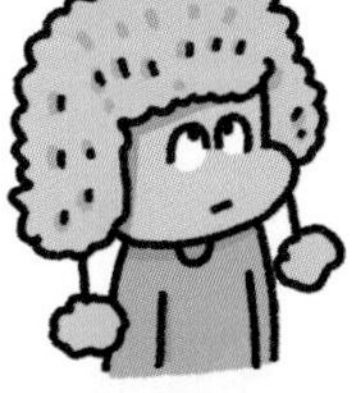

fur hat
털 모자

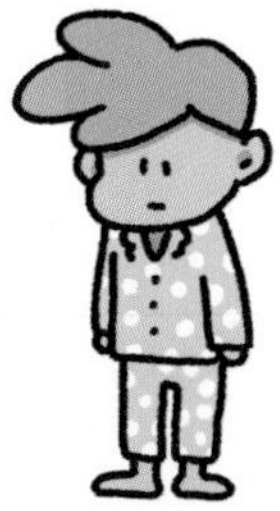

cotton pajamas
면 파자마

leather coat
가죽 코트

long skirt
긴 치마

short pants
짧은 바지

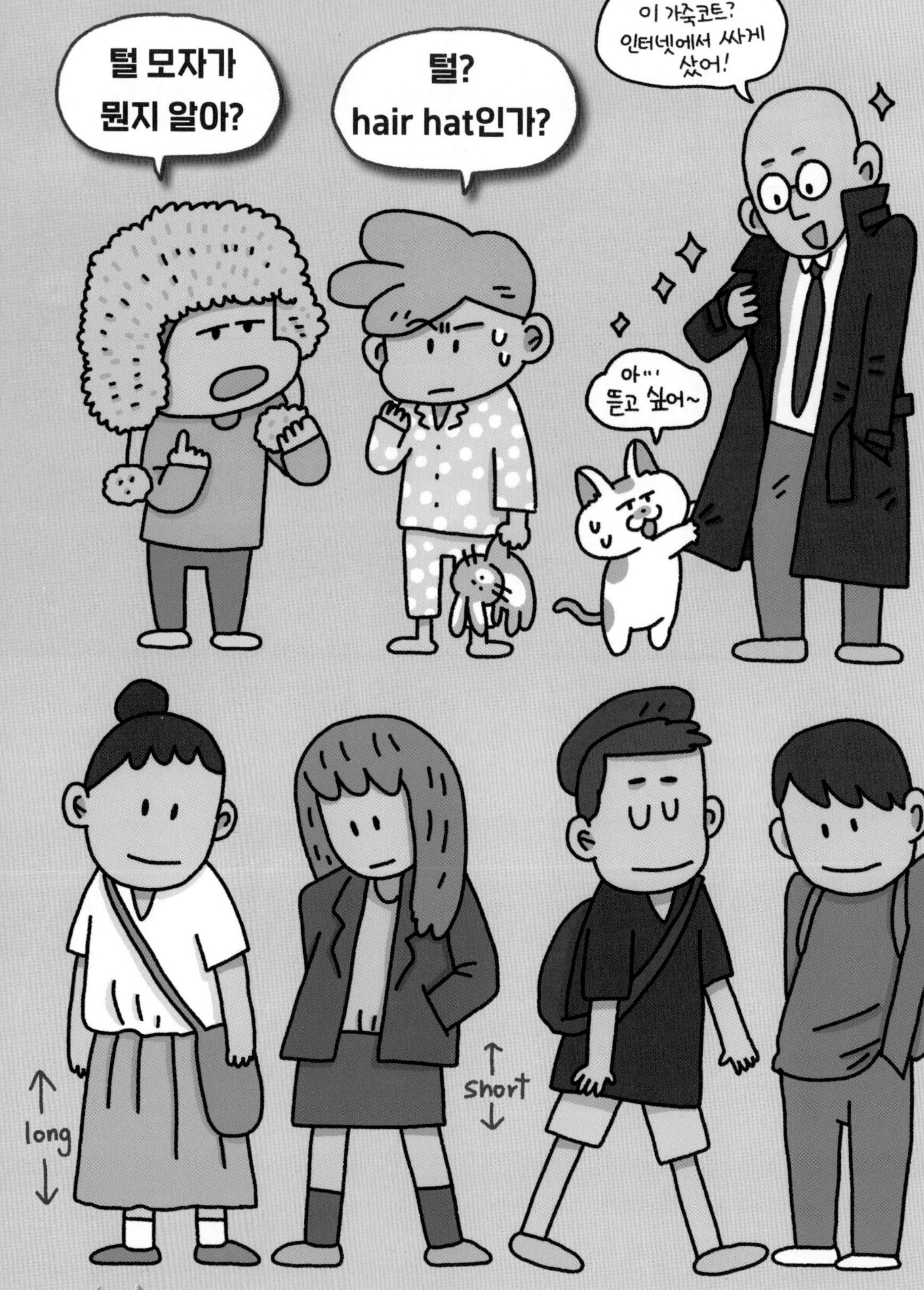

옛날에는 바지가 왼쪽 다리 끼우고 오른쪽 다리 끼우는 형식으로 두 개로 이루어져 있었대요.
그래서 바지(파자마 포함)에는 항상 뒤에 s가 와요.
short pants(짧은 바지)는 짧게 'shorts'라고도 해요.

spring

summer

fall

winter

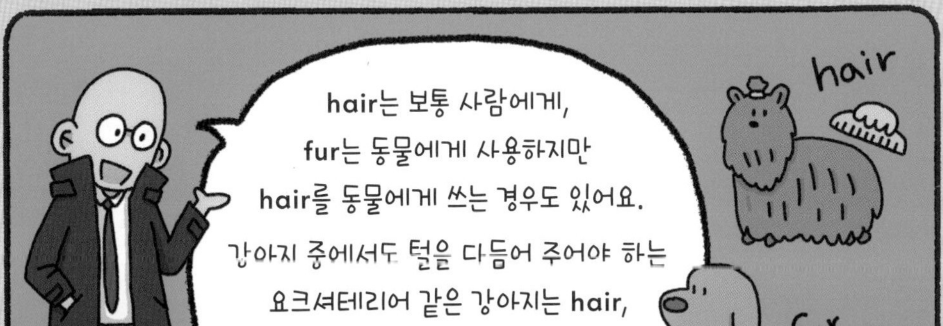

hair는 보통 사람에게,
fur는 동물에게 사용하지만
hair를 동물에게 쓰는 경우도 있어요.
강아지 중에서두 털을 다듬어 주어야 하는
요크셔테리어 같은 강아지는 hair,
리트리버 같이 이발이
필요 없는 강아지는 fur를 써요.

hair

fur

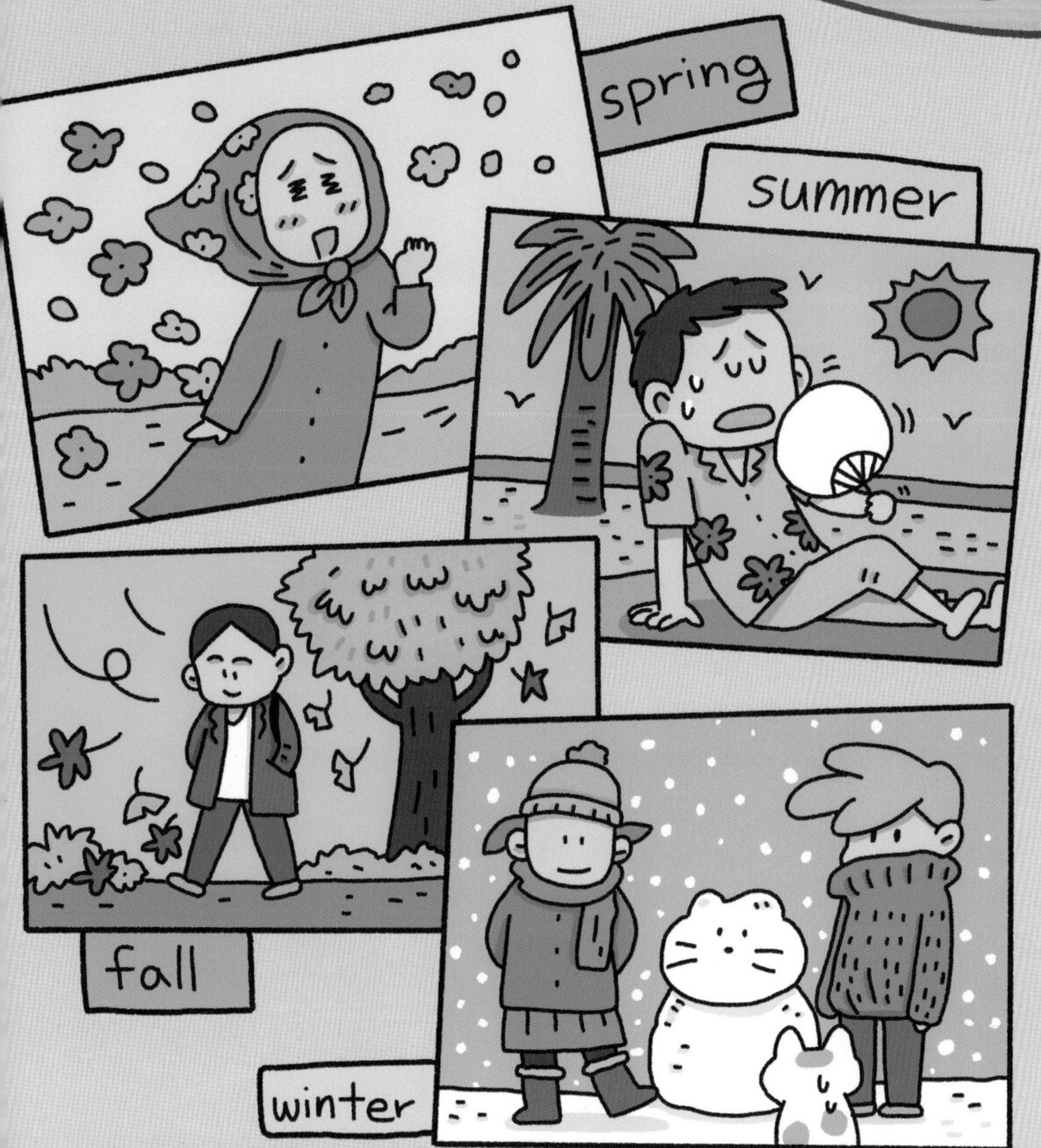

wool은 원래 양털을 뜻하지만 요즘은 일반 동물 털도 wool이라고 많이 해요.

spring scarf
봄 스카프

summer shirt
여름 셔츠

fall jacket
가을 재킷

winter boots
겨울 부츠

wool sweater
울(양털) 스웨터

Step1 단어 단어와 우리말 뜻을 연결하세요.

fur hat ○   ○ 짧은 바지

leather coat ○   ○ 겨울 부츠

short pants ○   ○ 털 모자

summer shirt ○   ○ 가죽 코트

winter boots ○   ○ 여름 셔츠

Step2 문장 우리말에 맞게 영어 문장을 완성하세요.   앞의 QR코드를 찍어 완성된 문장을 들어보자

① I am wearing a _____ _____. 나는 가죽 코트를 입고 있어.

> I am wearing ~은 몸에 걸치는 것 모두를 표현할 때 써요.

② I am wearing a _____ _____. 나는 긴 치마를 입고 있어.

③ I am wearing _____ _____. 나는 면 파자마를 입고 있어.

④ I am wearing _____ _____. 나는 짧은 바지를 입고 있어.

⑤ I am wearing a _____ _____. 나는 여름 셔츠를 입고 있어.

⑥ I am wearing ____ _____ _____. 나는 울 스웨터를 입고 있어.

⑦ I am wearing ____ _____ _____. 나는 가을 재킷을 입고 있어.

⑧ I _____ _____ _____ _____. 나는 겨울 부츠를 신고 있어.

⑨ I _____ _____ ____ _____ _____. 나는 털모자를 쓰고 있어.

⑩ _____ _____ _____ _____ _____. 나는 봄 스카프를 매고 있어.

그림과 우리말 뜻에 알맞은 짝꿍 단어를 빈칸에 쓰세요.

1	털 모자	**2**	면 파자마
3	가죽 코트	**4**	긴 치마
5	짧은 바지	**6**	봄 스카프
7	여름 셔츠	**8**	가을 재킷
9	겨울 부츠	**10**	울(양털) 스웨터

식사와 음식

simple breakfast
간단한 아침 식사

healthy brunch
건강에 좋은 브런치
(아침 겸 점심)

tasty lunch
맛있는 점심 식사

light supper
가벼운 저녁 식사

heavy dinner
많은 양의 저녁 식사

heavy는 일반적으로 '무거운'이라는 뜻으로 많이 쓰여요. 예 a heavy bag 무거운 가방
brunch는 우리말로 아침 겸 점심으로 흔히 '아점'이라고 하고 영어 그대로 '브런치'라고도 많이 해요.

해당하는
단어의 그림을
찾아 동그라미
하세요.

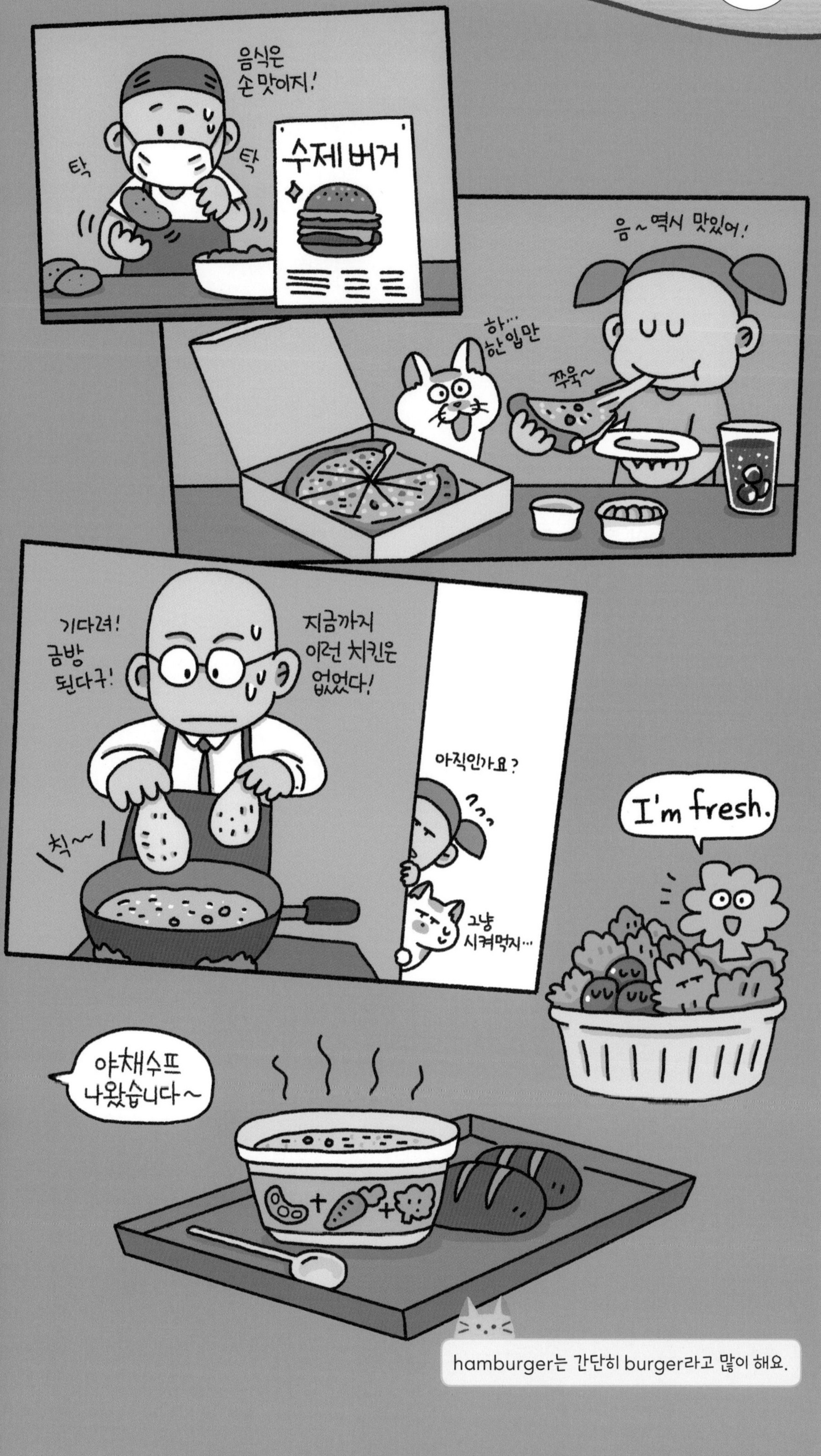

handmade burger
수제 버거
(기계가 아니라 손으로 만든 버거)

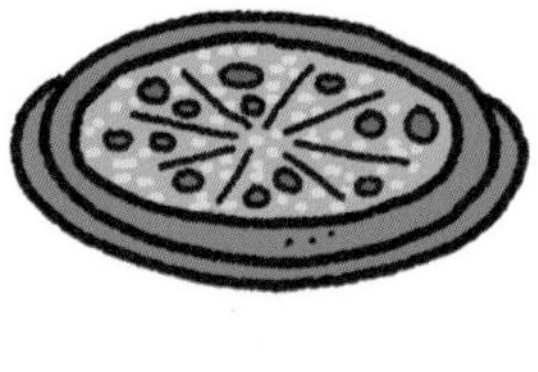

yummy pizza
맛있는 피자

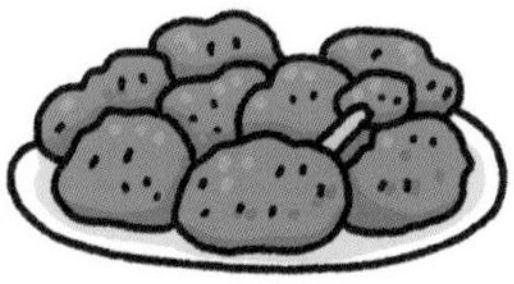

fried chicken
후라이드 치킨 (튀긴 닭)

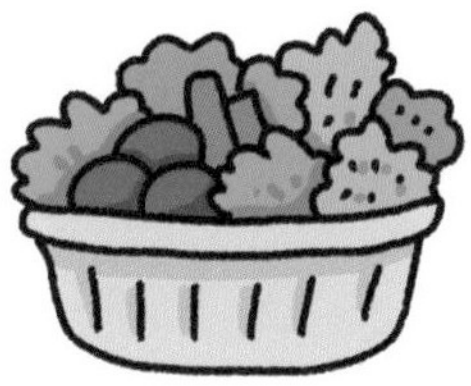

fresh salad
신선한 샐러드

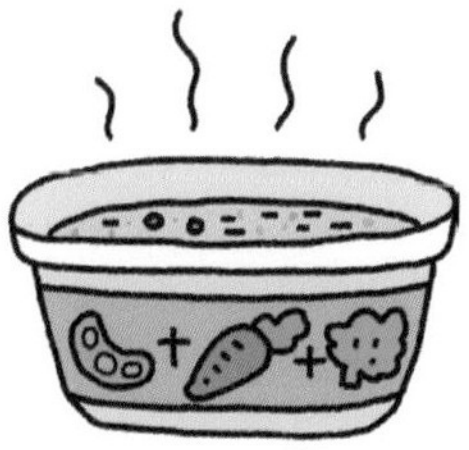

vegetable soup
야채 수프

simple breakfast ○   ○ 맛있는 점심 식사

tasty lunch ○   ○ 많은 양의 저녁 식사

heavy dinner ○   ○ 맛있는 피자

yummy pizza ○   ○ 신선한 샐러드

fresh salad ○   ○ 간단한 아침 식사

Step2 **문장** 우리말에 맞게 영어 문장을 완성하세요. 앞의 QR코드를 찍어 완성된 문장을 들어보자

1 I am having ＿＿＿＿＿ ＿＿＿＿. 나는 야채 수프를 먹고 있어.

2 I am having a ＿＿＿＿＿ ＿＿＿＿＿. 나는 수제 버거를 먹고 있어.

3 I am having a ＿＿＿＿ ＿＿＿＿. 나는 신선한 샐러드를 먹고 있어.

4 I am having ＿＿＿＿ ＿＿＿＿. 나는 맛있는 피자를 먹고 있어.

5 I am having ＿＿＿＿ ＿＿＿＿＿. 나는 후라이드 치킨을 먹고 있어.

6 I am having a ＿＿＿＿＿ ＿＿＿＿＿. 나는 간단한 아침 식사를 하고 있어.

7 I am having a ＿＿＿＿＿ ＿＿＿＿.
나는 건강에 좋은 브런치를 먹고 있어.

8 I ＿＿＿＿ ＿＿＿＿＿ ＿＿＿＿＿ ＿＿＿＿.
나는 맛있는 점심 식사를 하고 있어.

9 I ＿＿＿＿ ＿＿＿＿＿ ＿＿＿＿＿ ＿＿＿＿＿.
나는 가벼운 저녁 식사를 하고 있어.

10 ＿＿＿ ＿＿＿＿ ＿＿＿＿＿ ＿＿＿＿ ＿＿＿＿＿ ＿＿＿＿＿.
나는 많은 양의 저녁 식사를 하고 있어.

I am having ~은 무언가를 먹을 때 자주 쓰는 표현이에요. 뒤에 음식 종류가 바로 나올 때는 'I am eating 음식 종류'도 사용할 수 있지만, breakfast(아침 식사)나 lunch(점심 식사) 등이 나오면 I am having ~이 자연스러워요.

100

그림과 우리말 뜻에 알맞은 짝꿍 단어를 빈칸에 쓰세요.

1	간단한 아침 식사	**2**	건강에 좋은 브런치(아침 겸 점심)
3	맛있는 점심 식사	**4**	가벼운 저녁 식사
5	많은 양의 저녁 식사	**6**	수제 버거 (손으로 만든 버거)
7	맛있는 피자	**8**	후라이드 치킨 (튀긴 닭)
9	신선한 샐러드	**10**	야채 수프

과목과 시험

Korean alphabet
한국의 글자 (한글)

English dictionary
영어 사전

history teacher
역사 선생님

math test
수학 시험

science lab
과학 실험실

math(수학)는 mathematics의 약자예요.

앗! 음악시간인데 미술책을 잘못 가져왔네.

자! 다 같이~

하나~둘, 셋, 넷!

아~ 너무 어려워!

히...힘내!

음~ 쉽다!

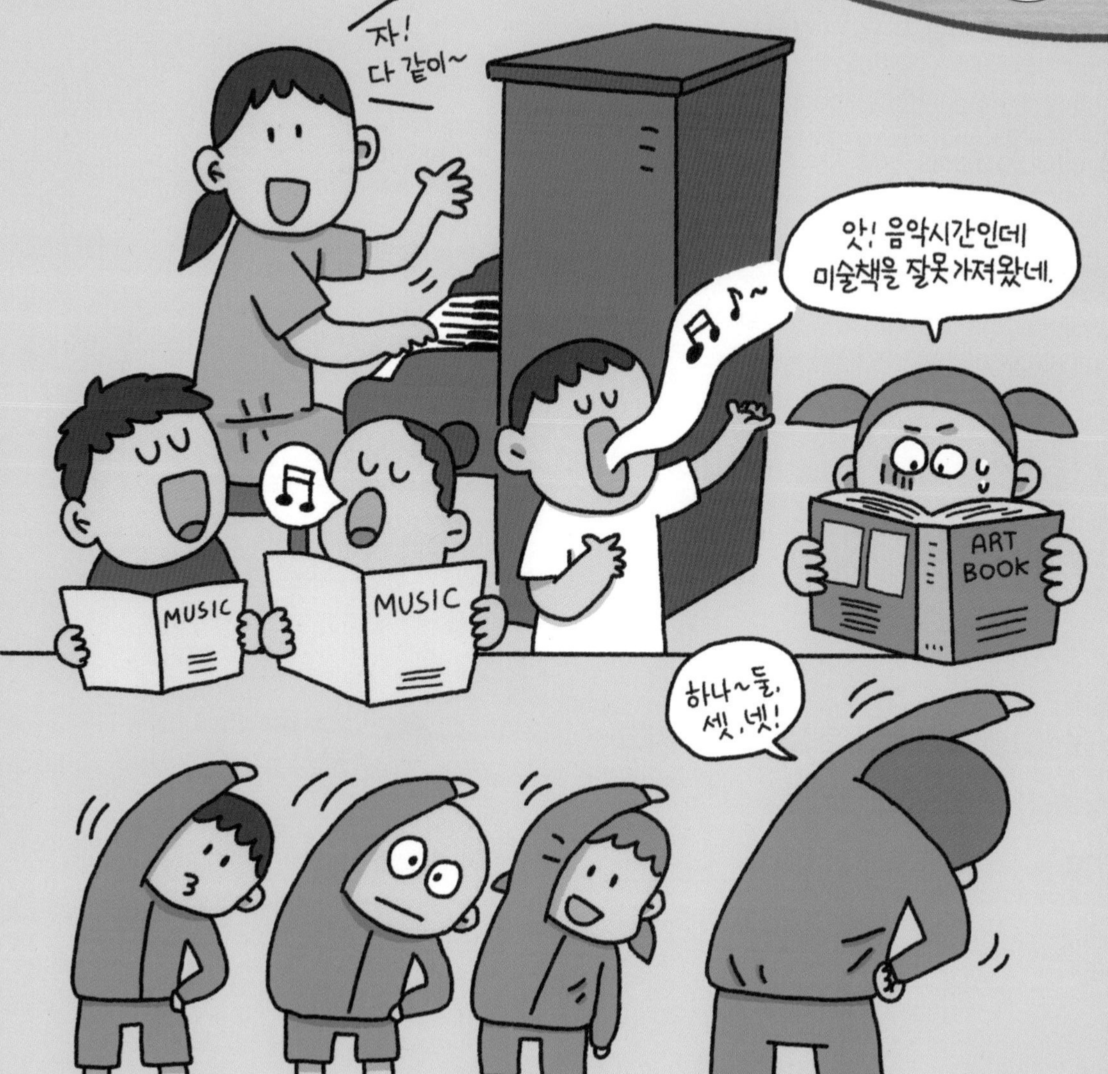

class는 '수업'이라는 뜻 이외에 '학급'이라는 뜻도 있어요. quiz(퀴즈)는 어떤 질문에 대해 답을 맞추는 놀이도 될 수 있지만 미국에서는 학교에서 보는 간단한 시험이라는 뜻이 있어요.

art book
미술책

music class
음악 수업

P.E. lesson
체육 수업

difficult exam
어려운 시험

easy quiz
쉬운 퀴즈

Step1 **단어** 단어와 우리말 뜻을 연결하세요.

English dictionary	체육 수업
math test	쉬운 퀴즈
art book	미술책
P.E. lesson	영어 사전
easy quiz	수학 시험

Step2 **문장** 우리말에 맞게 영어 문장을 완성하세요.

 앞의 QR코드를 찍어 완성된 문장을 들어보자

① I will meet the ＿＿＿＿＿＿ ＿＿＿＿＿＿. 나는 그 역사 선생님을 만날 거야.

② I will buy the ＿＿＿＿ ＿＿＿＿. 나는 그 미술책을 살 거야.

③ I will take the ＿＿＿＿ ＿＿＿＿. 나는 그 음악 수업을 들을 거야.

④ I will pass the ＿＿＿＿＿＿ ＿＿＿＿. 나는 그 어려운 시험을 통과할 거야.

⑤ I will learn the ＿＿＿＿＿＿ ＿＿＿＿＿＿. 나는 한글을 배울 거야.

⑥ I will go to the ＿＿＿＿＿ ＿＿＿＿. 나는 그 과학 실험실에 갈 거야.

⑦ I will buy the ＿＿＿＿＿＿ ＿＿＿＿＿＿. 나는 그 영어 사전을 살 거야.

⑧ I will pass the ＿＿＿＿ ＿＿＿＿. 나는 그 수학 시험을 통과할 거야.

⑨ I will answer the ＿＿＿＿ ＿＿＿＿. 나는 그 쉬운 퀴즈를 풀 거야.

⑩ I will practice jumping rope this ＿＿＿＿ ＿＿＿＿＿＿.
나는 이 체육 수업에서 줄넘기를 연습할 거야.

> I will ~은 내가 무언가를 하겠다고 다짐하는 거예요. will이 조동사니까 뒤에 동사 원형이 나오는 것 잊지 마세요.

104

그림과 우리말 뜻에 알맞은 짝꿍 단어를 빈칸에 쓰세요.

1	한국의 글자 (한글)	**2**	영어 사전
3	역사 선생님	**4**	수학 시험
5	과학 실험실	**6**	미술책
7	음악 수업	**8**	체육 수업
9	어려운 시험	**10**	쉬운 퀴즈

여러가지 탈 것

sports car
스포츠 카(자동차)

jet plane
제트 비행기

해당하는
단어의 그림을
찾아 동그라미
하세요.

tour bus
관광버스

river boat
리버 보트 (강 배)

cruise ship
유람선 (유람선 여행 배)

jet plane을 간단히 jet라고 하는데요, jet는 원래 내던지듯이 빠르게 움직인다는 뜻이에요.
tour는 특정한 지역을 한 바퀴 둘러보는 식의 관광 여행을 말해요.

QR코드를 찍어
오디오로 단어를 만나보자

express subway
급행 지하철

army truck
군대 트럭

family van
가족용 밴

air taxi
에어 택시 (하늘을 나는 택시)

airport shuttle
공항 셔틀버스

미국 지하철은 subway,
영국 지하철은 underground라고 해.
sub(아래에 있는) + way(길)
under(아래에 있는) + ground(땅)
의미는 결국 같아~

subway

underground

air는 원래 '공기'라는 뜻으로 많이 쓰여요. 여기서는 '공중, 하늘'이라는 뜻으로 쓰였어요.
shuttle은 '(두 장소를 자주) 오가다'라는 뜻을 가지고 있어요. 공항 셔틀버스는 주로 공항과 호
텔을 왔다 갔다 하지요.

 단어 단어와 우리말 뜻을 연결하세요.

sports car			유람선
tour bus			군대 트럭
cruise ship			스포츠 카
army truck			에어 택시
air taxi			관광버스

Step2 문장 우리말에 맞게 영어 문장을 완성하세요. 앞의 QR코드를 찍어 완성된 문장을 들어보자

1 I like to take a _____ _____. 나는 스포츠 카를 타고 싶어.

2 I like to take an _____ _____. 나는 에어 택시를 타고 싶어.

> I like to take ~는 '~을 타고 싶다'라는 뜻이에요. 이처럼 운송 수단을 탈 때는 동사 take를 사용해요.

3 I like to take a _____ _____. 나는 리버 보트를 타고 싶어.

4 I like to take the _____ _____. 나는 급행 지하철을 타고 싶어.

5 I like to take an _____ _____. 나는 공항 셔틀버스를 타고 싶어.

6 I like to take _____ _____ _____. 나는 가족용 밴을 타고 싶어.

7 I like to _____ _____ _____ _____. 나는 유람선을 타고 싶어.

8 I like to _____ _____ _____ _____. 나는 군대 트럭을 타고 싶어.

9 I _____ _____ _____ _____ _____ _____. 나는 제트 비행기를 타고 싶어.

10 _____ _____ _____ _____ _____. 나는 관광버스를 타고 싶어.

확인

그림과 우리말 뜻에 알맞은 짝꿍 단어를 빈칸에 쓰세요.

1	스포츠 카(자동차)	2	제트 비행기
3	관광버스	4	리버 보트 (강 배)
5	유람선 (유람선 여행 배)	6	급행 지하철
7	군대 트럭	8	가족용 밴
9	에어 택시 (하늘을 나는 택시)	10	공항 셔틀버스

109

DAY 25

요일 표현

오일을 먹이는 건 사람 아니야?

응답은 첫 글자들 대문자로 써나가 유의하세요.

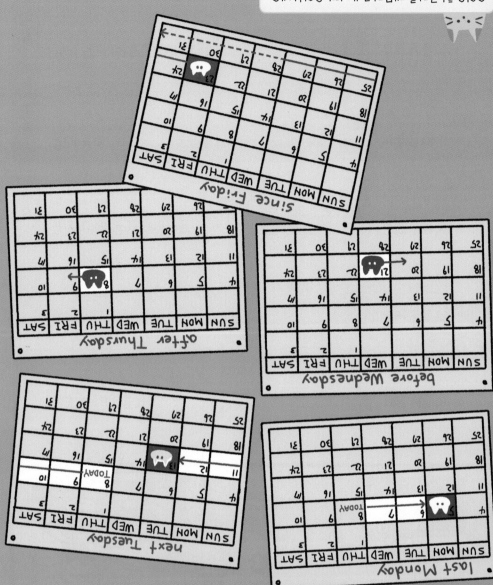

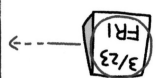

since Friday
금요일부터

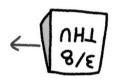

after Thursday
목요일 이후에

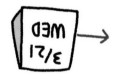

before Wednesday
수요일 전에

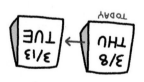

next Tuesday
다음 화요일

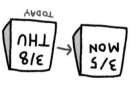

last Monday
지난 월요일

QR코드를 찍어
오디오로 단어를 만나보자

앗! 그거 내 일기잖아!

YESTERDAY
아~ 잘잤다!
하아품~
7:30

TODAY
15:00

TOMORROW
안녕~
나~
내일 봐~
18:00

today afternoon(오늘 오후)는 'this afternoon'이라고
많이 사용해요. night(밤)도 꼭 기억해 두세요.

each Saturday
매주 토요일 (각각의 토요일)

every Sunday
매주 일요일 (모든 일요일)

yesterday
morning
어제 아침

today afternoon
오늘 오후

tomorrow
evening
내일 저녁

next Tuesday — 매주 토요일

after Thursday — 어제 아침

each Saturday — 목요일 이후에

yesterday morning — 내일 저녁

tomorrow evening — 다음 화요일

 **Step2** **문장** 우리말에 맞게 영어 문장을 완성하세요. 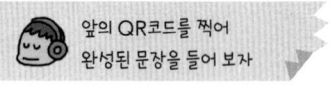 앞의 QR코드를 찍어 완성된 문장을 들어 보자

1 See you _____ _____. 다음 화요일에 만나.

2 See you _____ _____. 수요일 전에 만나.

3 See you _____ _____. 목요일 이후에 만나.

4 See you _____ _____. 매주(모든) 일요일에 만나.

5 See you _____ _____. 오늘 오후에 만나.

6 See you _____ _____. 내일 저녁에 만나.

7 I saw you _____ _____. 지난 월요일에 널 봤어.

8 I saw you _____ _____. 어제 아침에 널 봤어.

9 I haven't seen him _____ _____. 금요일부터 그를 못 봤어.

10 _____ _____ we go to a different cafe.
매주(각각의) 토요일 우린 다른 카페에 가.

> See you ~는
> '~에 만나'라는
> 뜻으로 헤어질 때
> 주로 쓰는 표현이
> 에요.

112

그림과 우리말 뜻에 알맞은 짝꿍 단어를 빈칸에 쓰세요.

1	지난 월요일	2	다음 화요일

3	수요일 전에	4	목요일 이후에

5	금요일부터	6	매주 토요일 (각각의 토요일)

7	매주 일요일 (모든 일요일)	8	어제 아침

9	오늘 오후	10	내일 저녁

감정 표현

happy smile
행복한 미소

sad story
슬픈 이야기

good news
좋은 소식

bad feeling
나쁜 느낌

angry face
화난 얼굴

몹시 피곤한
terribly tired

매우 지루한
very bored

해당하는
단어가 그림과
찾아 동그라미
하세요.

너무 신이 난
too excited

너무 아픈
so sick

정말 배고픈
really hungry

QR코드를 찍어
원어민 단어를 들어보세요

happy smile	○	○	너무 아픈
good news	○	○	화난 얼굴
angry face	○	○	행복한 미소
so sick	○	○	매우 지루한
very bored	○	○	좋은 소식

1 I am _____ _____. 나는 너무 아파.

2 I am _____ _____. 나는 매우 지루해.

3 I am _____ _____. 나는 너무 신이 나.

> I am 뒤에 자신의 몸 상태에 대한 표현을 넣어 '나는 ~하다'라고 말해요.
> It's not ~은 '그것은 ~이 아니다'라는 뜻으로 It is 다음에 not을 붙인 표현이에요.

4 I am _____ _____. 나는 끔찍하게 피곤해.

5 _____ _____ _____ _____. 나는 정말 배고파.

6 It's not a _____ _____. 그것은 행복한 미소가 아니야.

7 It's not _____ _____. 그것은 좋은 소식이 아니야.

8 It's not a _____ _____. 그것은 슬픈 이야기가 아니야.

9 It's _____ _____ _____ _____. 그것은 화난 얼굴이 아니야.

10 _____ _____ _____ _____ _____. 그것은 나쁜 느낌이 아니야.

그림과 우리말 뜻에 알맞은 짝꿍 단어를 빈칸에 쓰세요.

1	행복한 미소

2	슬픈 이야기

3	좋은 소식

4	나쁜 느낌

5	화난 얼굴

6	정말 배고픈

7	너무 아픈

8	너무 신이 난

9	매우 지루한

10	끔찍하게 피곤한

117

날씨 1

DAY 27

영어	뜻	영어	뜻
snow	눈	snowy	눈이 내리는
rain	비	rainy	비가 내리는
wind	바람	windy	바람이 부는
cloud	구름	cloudy	구름이 낀
sun	해	sunny	해가 비추는

snow · snowy · rain · rainy · wind · windy · cloud · cloudy · sun · sunny

QR코드를 찍어
오디오로 단어를 만나보자

fog
foggy
조심~

storm
Stormy
콰릉
쏴-
무서워

chill
chilly
하아~
웃~추워~
하아~
으슬으슬

ice
icy
오~
고드름~
고드름~
수정 고드름~

hail
hailing
콰직-
우두두두~
절대 나가지마!

'구름이 조금 낀'은
partly cloudy라고 해요.

foggy는 g가 하나 더 들어가니까 조심해야 해요.

(fog)(foggy)
  안개   안개 낀

(storm)
  폭풍

(stormy)
 폭풍이 몰아치는

(chill)(chilly)
  냉기   쌀쌀한

(ice)
 얼음

(icy)
얼음의 (얼음같이 찬)

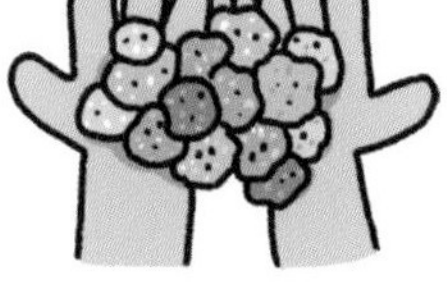

(hail)(hailing)
 우박   우박이 내리는

cloud / cloudy	○	○	비 / 비가 내리는
rain / rainy	○	○	구름 / 구름이 낀
fog / foggy	○	○	우박 / 우박이 내리는
chill / chilly	○	○	냉기 / 쌀쌀한
hail / hailing	○	○	안개 / 안개 낀

Step2 문장  우리말에 맞게 영어 문장을 완성하세요. 앞의 QR코드를 찍어 완성된 문장을 들어보자

1 It's _____ today. 오늘은 해가 비춰.

2 It's _____ today. 오늘은 구름이 끼었어.

> 'It's + 날씨 + today'는 '오늘 날씨가 ~하다'는 말이에요.

3 It's _____ today. 오늘은 바람이 불어.

4 It's _____ today. 오늘은 비가 내려.

5 It's _____ today. 오늘은 눈이 내려.

6 It's _____ _____. 오늘은 안개가 끼었어.

7 It's _____ _____. 오늘은 폭풍이 몰아쳐.

8 It's _____ _____. 오늘은 우박이 내려.

9 _____ _____ _____. 오늘은 쌀쌀해.

10 _____ _____ _____. 오늘은 얼음같이 차.

1	해 / 해가 비추는	**2**	구름 / 구름이 낀
3	바람 / 바람이 부는	**4**	비 / 비가 내리는
5	눈 / 눈이 내리는	**6**	안개 / 안개 낀
7	폭풍 / 폭풍이 몰아치는	**8**	냉기 / 쌀쌀한
9	얼음 / 얼음의 (얼음같이 찬)	**10**	우박 / 우박이 내리는

날씨 II

warm house
따뜻한 집

해당하는
단어의 그림을
찾아 동그라미
하세요.

hot weather
더운 날씨

cool climate
서늘한 기후

cold day
추운 날

freezing mountain
얼어붙은 산

와~ 집 안은 따뜻하다!

오늘 날씨 너무 추운데!

푸에취~

오들 오들

-10℃

오우~뭐지? 갑자기 서늘해 졌어!

쌩~

5℃야! 옷을 더 입어야해!

주섬주섬

33℃ 야!

아~ 너무 더운데!

weather(날씨)와 climate(기후)의 차이가 뭘까?

앗… 음…

hot은 '뜨거운' 혹은 '매운'이라는 뜻으로 쓰여요.
(예) hot water 뜨거운 물 hot curry 매운 카레
cool은 '시원한' 혹은 '멋진'이라는 뜻으로 쓰여요.
(예) cool drink 시원한 음료수 cool movie 멋진 영화

번쩍!

앗! 태풍경보!

과긍~

숭~

지금 시속
120km로
접근하고 있습니다

토네이도
온대!

Tornado warning

날씨는 몇 분이나
몇 시간 내에
바뀔 수 있어요. 하지만
기후가 바뀌려면 대개
시간이 많이 걸려요.

기후

날씨

아시아권에서 시작되면 typhoon(태풍), 북미 해안에서 발생하는 것은 hurricane(허리케인),
인도양과 태평양 남부에서 발생하는 것은 cyclone(사이클론)이라고 불러요.
flash는 번개의 번쩍임 뿐만 아니라 카메라에서 번쩍이는 플래시도 뜻해요.
clap은 '박수'라는 뜻과 동시에 '쾅 하는 소리'라는 뜻이 있어요.

lightning flash
번개의 번쩍임

thunder
천둥

thunderclap
천둥의 쾅 하는 소리

tornado warning
회오리바람 경고

typhoon siren
태풍 사이렌

rainbow silk
무지개 비단

hot weather	무지개 비단
cold day	회오리바람 경고
lightning flash	번개의 번쩍임
tornado warning	더운 날씨
rainbow silk	추운 날

Step2 **문장** 우리말에 맞게 영어 문장을 완성하세요.

앞의 QR코드를 찍어 완성된 문장을 들어보자

❶ I think you like this _____ _____. 나는 네가 이 따뜻한 집을 좋아할 것 같아.

❷ I think you don't like _____ _____. 나는 네가 더운 날씨를 싫어할 것 같아.

❸ I think you like a _____ _____. 나는 네가 서늘한 기후를 좋아할 것 같아.

❹ I think you don't like _____ _____s. 나는 네가 추운 날을 싫어할 것 같아.

❺ I think you don't like _____ _____s. 나는 네가 얼어붙은 산을 싫어할 것 같아.

❻ I think you like _____ _____. 나는 네가 무지개 비단을 좋아할 것 같아.

❼ I thought you heard a _____ _____.
나는 네가 태풍 사이렌 소리를 들었다고 생각했어.

❽ I thought you heard a _____ _____.
나는 네가 회오리바람 경고를 들었다고 생각했어.

❾ I thought you heard a _____.
나는 네가 쾅 하는 천둥 소리를 들었다고 생각했어.

❿ I thought you saw a _____ _____.
나는 네가 번개의 번쩍임을 보았다고 생각했어.

> I think ~는 '나는 ~라고 생각해' 혹은 좀 더 자연스럽게 '나는 ~할 것 같아' 정도의 말투예요.
> I thought ~는 '나는 ~라고 생각했어' 혹은 '나는 ~했을 것 같았어'라는 뜻이에요.

Step3 확인

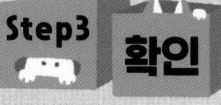

그림과 우리말 뜻에 알맞은 짝꿍 단어를 빈칸에 쓰세요.

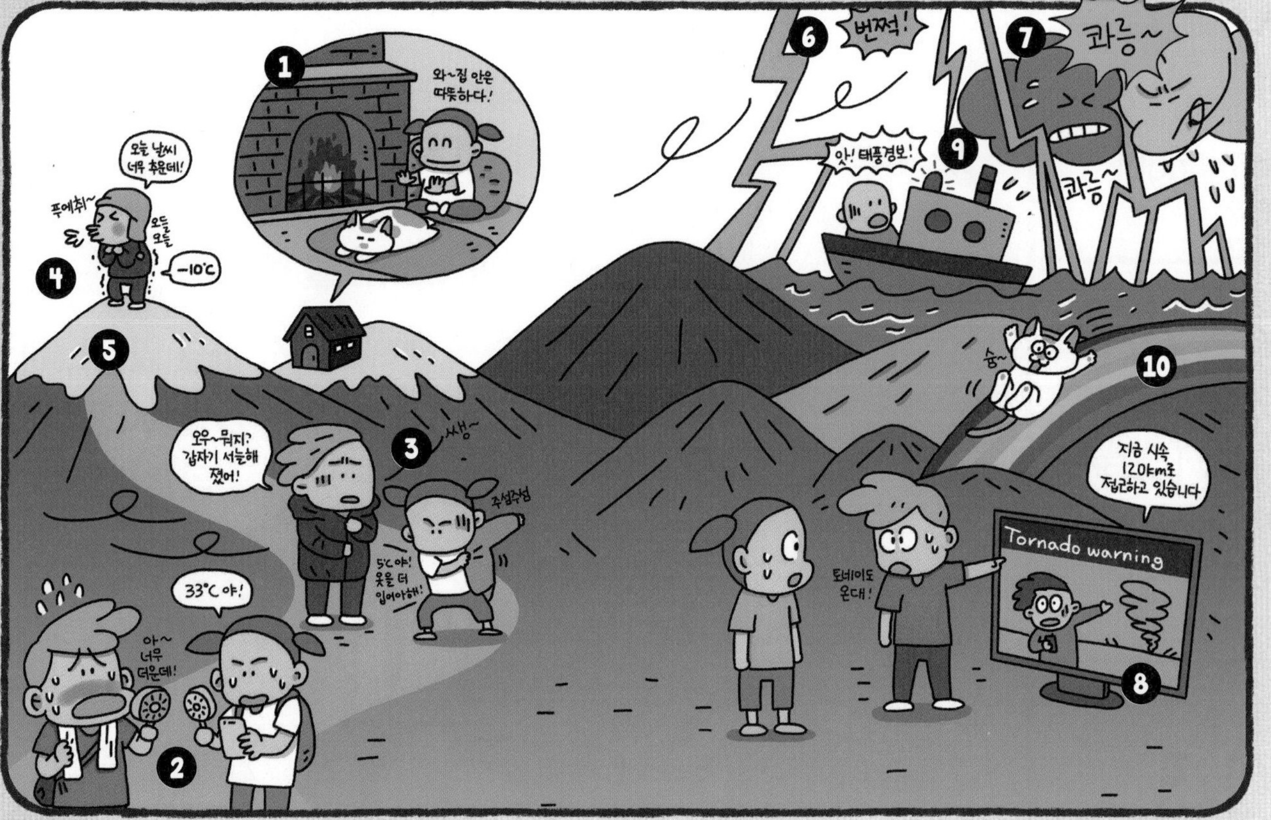

1	따뜻한 집	2	더운 날씨
3	서늘한 기후	4	추운 날
5	얼어붙은 산	6	번개의 번쩍임
7	천둥 / 천둥의 쾅 하는 소리	8	회오리바람 경고
9	태풍 사이렌	10	무지개 비단

방향과 반대말

(left)
왼쪽

(right)
오른쪽

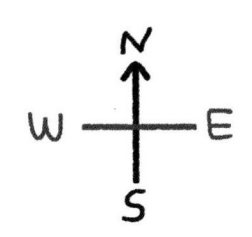

(front)
앞

(back)
뒤

(up)
위

(down)
아래

(west)
서쪽

(east)
동쪽

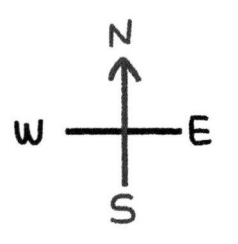

(south)
남쪽

(north)
북쪽

친구와의 약속 장소로 가는 중에
전화가 왔다고 생각해 봐.
"가고 있어"라고 할 때,
go를 쓸까, **come**을 쓸까?

가고 있으니까
go를 사용하지
않을까요?

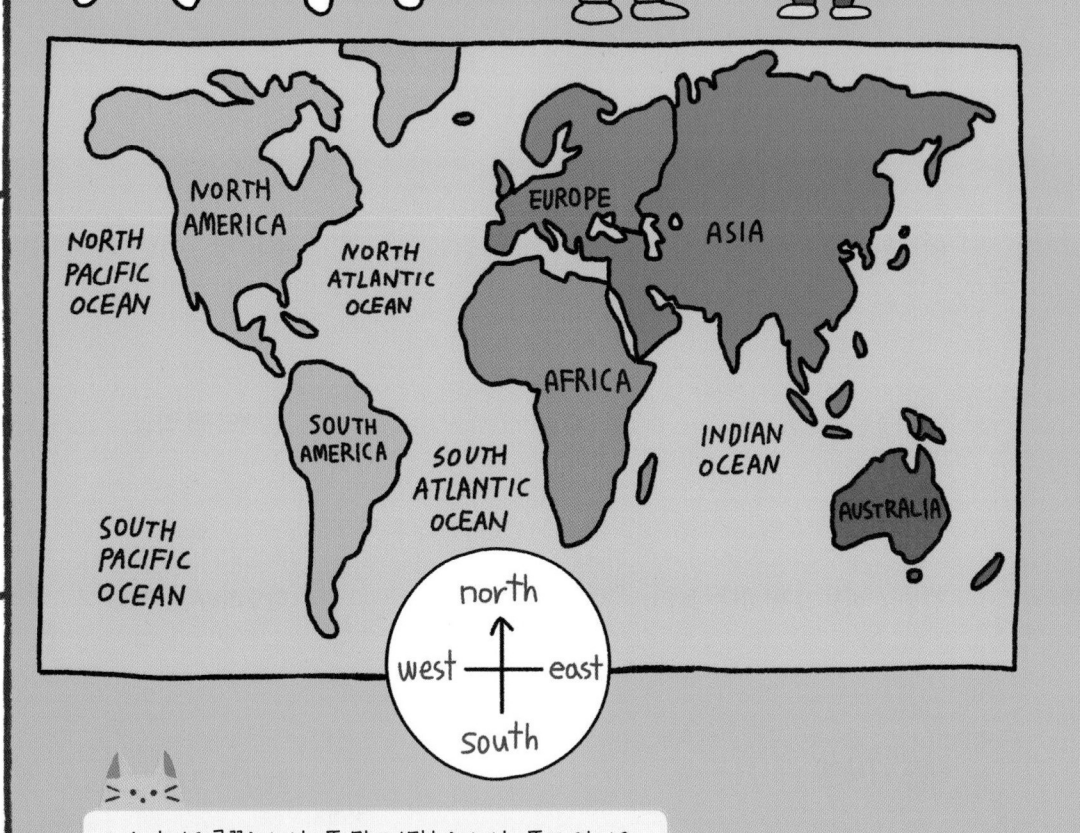

right는 '오른쪽'이라는 뜻 말고 '맞는'이라는 뜻도 있어요.
예) The answer is right. 그 답이 맞다.

단어 단어와 우리말 뜻을 연결하세요.

front / back	서다 / 앉다
west / east	가까운 / 먼
go / come	앞 / 뒤
stand / sit	서쪽 / 동쪽
near / far	가다 / 오다

Step2 **문장** 우리말에 맞게 영어 문장을 완성하세요.

앞의 QR코드를 찍어 완성된 문장을 들어보자

① _____ and _____ are different from each other. '오른쪽'과 '왼쪽'은 서로 달라요.

② _____ and _____ are different from each other. '위'와 '아래'는 서로 달라요.

③ _____ and _____ are different from each other. '밀다'와 '당기다'는 서로 달라요.

④ _____ and _____ are different from each other. '남쪽'과 '북쪽'은 서로 달라요.

⑤ _____ and _____ are different from each other. '서다'와 '앉다'는 서로 달라요.

⑥ _____ and _____ are different from each other. '가까운'과 '먼'은 서로 달라요.

⑦ _____ and _____ are different from each other.

'출발하다'와 '멈추다'는 서로 달라요.

⑧ _____ and _____ are different from each other.

'앞'과 '뒤'는 서로 달라요.

> ~ are different from each other는 '~은 서로 다르다'라는 뜻이에요.

⑨ _____ and _____ _____ different from each other.

'동쪽'과 '서쪽'은 서로 달라요.

⑩ _____ and _____ _____ _____ from each other.

'가다'와 '오다'는 서로 달라요.

그림과 우리말 뜻에 알맞은 짝꿍 단어를 빈칸에 쓰세요.

1	왼쪽 / 오른쪽	**2**	앞 / 뒤
3	위 / 아래	**4**	서쪽 / 동쪽
5	남쪽 / 북쪽	**6**	가다 / 오다
7	출발하다 / 멈추다	**8**	서다 / 앉다
9	밀다 / 당기다	**10**	가까운 / 먼

물어보는 말

(who) (person)
누구   사람

(when) (time)
언제   시간

(where)
어디에 (어디서)

(place)
장소

(what) (thing)
무엇   물건

(how) (way)
어떻게   방법

who, when, where 등과 같이 물어보는 말을 '의문사'라고 해요. way는 '방법' 혹은 '길'이라는 뜻으로 쓰여요. 예 a way across the park 공원을 가로지르는 길

who / person	어느 (어떤) / 선택
where / place	얼마나 많이 / 수
how / way	어디에 (어디서) / 장소
which / choice	누구 / 사람
how many / number	어떻게 / 방법

Step2 문장 우리말에 맞게 영어 문장을 완성하세요. 앞의 QR코드를 찍어 완성된 문장을 들어보자

① _____ is that _____? 저 사람은 누구야?

② _____ is the _____? 그 장소가 어디야?

③ _____? Tell me the total _____. 얼마나 많이? 총 수를 말해봐.

④ _____? Tell me the total _____. 얼마나 많이? 총 양을 말해봐.

⑤ _____ are you late? Tell me the _____. 왜 늦었어? 이유를 말해봐.

⑥ A: _____ do you pack your bag? 가방을 어떻게 싸니?

   B: Look, this is the _____ I pack it. 봐, 이게 내가 가방을 싸는 방법이야.

⑦ A: _____ one does everyone want? 어느 것이 모두가 원하는 거니?

   B: My _____ is the red one. 나의 선택은 그 빨간 거야.

⑧ A: _____ does the shop open? 그 가게는 언제 열어?

   B: I don't know the _____. 시간은 모르겠어.

> '의문사 + be 동사 ~?'로 물어 보는 말을 만들어 보아요.

⑨ A: _____ can I choose? 무엇을 고를까?

   B: _____ you want. 네가 원하는 거 아무거나. (anything은 'any 어떤' + 'thing 물건'을 합친 말이에요.)

⑩ A: _____ pencil is this? 이건 누구의 연필이니?

   B: This is _____. 이건 내 것이야. ('mine 나의 것'은 'possession 소유'의 의미예요.)

Step3 확인

그림과 우리말 뜻에 알맞은 짝꿍 단어를 빈칸에 쓰세요.

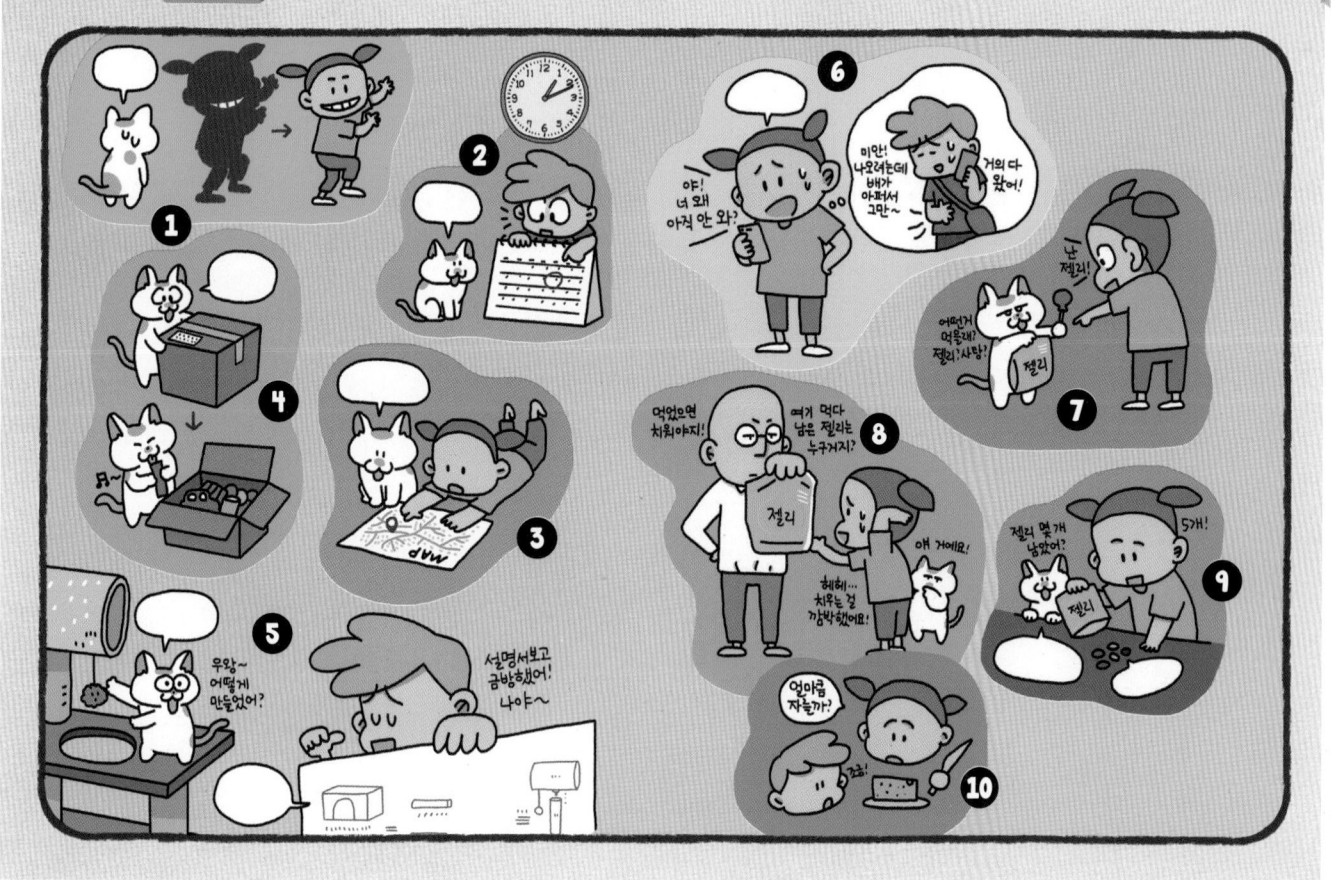

1	누구 / 사람
2	언제 / 시간
3	어디에 (어디서) / 장소
4	무엇 / 물건
5	어떻게 / 방법
6	왜 / 이유
7	어느 (어떤) / 선택
8	누구의 / 소유
9	얼마나 많이 / 수
10	얼마나 많이 / 양

짝꿍 단어

diary ~ 일기

internet diary
인터넷 일기

video diary
비디오 일기

travel diary
여행 일기

secret
비밀 일기

culture ~ 문화

Asian culture
아시아의 문화

African culture
아프리카의 문화

European culture
유럽의 문화

Islamic culture
이슬람의 문화

 Islam이 아랍어로 '(신에게) 절대 순종하다'라는 뜻인 만큼 이슬람 문화는 종교색도 짙어요.

136

skin ~ 피부

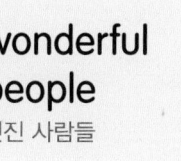

fine skin
좋은 피부

clear skin
맑은 피부

smooth skin
부드러운 피부

perfect

완벽한 피부

people ~ 사람들

popular people
인기 있는 사람들

famous people
유명한 사람들

wonderful people
멋진 사람들

strange people
이상한 사람들

 날씨가 맑을 때도 clear라는 단어를 써요. 예 It is clear today. 오늘은 날씨가 맑다.

internet diary	아시아의 문화
Asian culture	비밀 일기
fine skin	인기 있는 사람들
popular people	좋은 피부
secret diary	인터넷 일기

Step2 문장 우리말에 맞게 영어 문장을 완성하세요.

앞의 QR코드를 찍어 완성된 문장을 들어보자

❶ I am interested in _____ _____. 나는 아시아의 문화에 관심이 있다.

❷ I am interested in having _____ _____. 나는 부드러운 피부에 관심이 있다.

❸ I am interested in starting an _____ _____.
나는 인터넷 일기 시작하기에 관심이 있다.

> I am interested in ~ 은 '나는 ~에 관심이 있다' 라는 뜻이에요. 주어가 바뀌면 be동사도 함께 바뀌니 주의해 주세요.

❹ I am interested in keeping a _____ _____.
나는 여행 일기 쓰기에 관심이 있다.

❺ He is interested in meeting _____ _____.
그는 멋진 사람들 만나는 것에 관심이 있다.

❻ He is interested in the _____ _____. 그는 그 인기 있는 사람들에 관심이 있다.

❼ She is interested in _____ _____. 그녀는 유명한 사람들에 관심이 있다.

❽ They are interested in having _____ _____. 그들은 좋은 피부에 관심이 있다.

❾ I _____ _____ _____ _____ _____.
나는 유럽 문화에 관심이 있다.

❿ _____ _____ _____ _____ _____ _____ _____.
그는 아프리카의 문화에 관심이 있다.

Step3 확인

그림과 우리말 뜻에 알맞은 짝꿍 단어를 빈칸에 쓰세요.

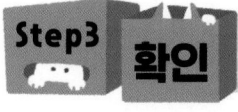

1 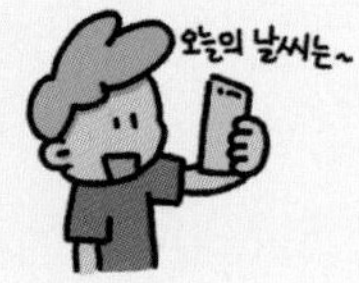

비디오 일기

2 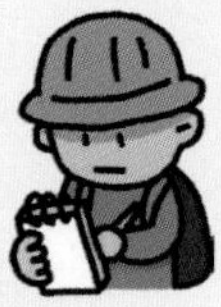 여행 일기

3 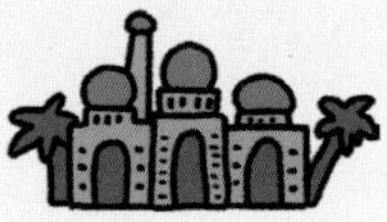 이슬람의 문화

4 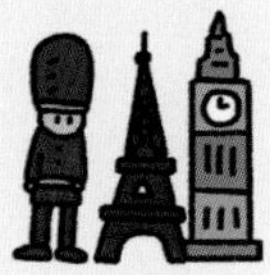 유럽의 문화

5 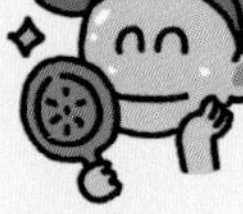 맑은 피부

6 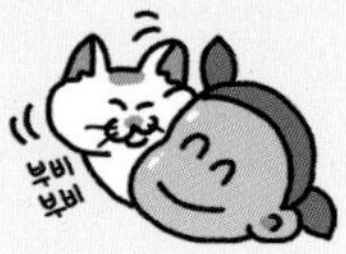

부드러운 피부

7 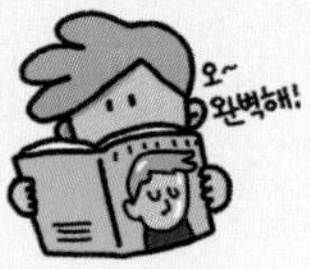

완벽한 피부

8 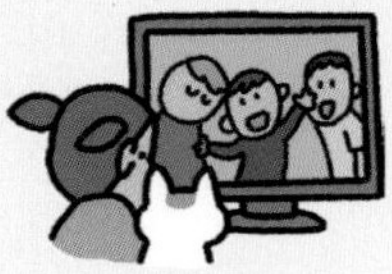 유명한 사람들

9 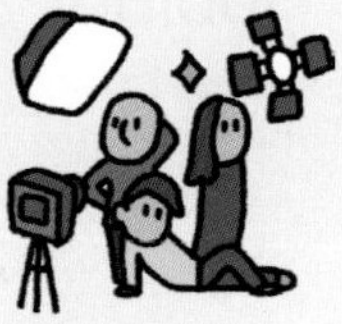 멋진 사람들

10 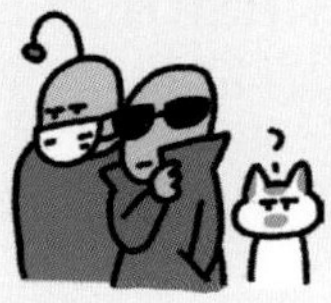 이상한 사람들

dish ~ 접시

 food dish
음식 접시

 glass dish
유리 접시

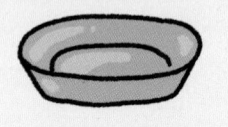 metal dish
금속 접시

 mini
작은 접시

season ~ 계절, 시즌

 vacation season
방학 시즌

 holiday season
휴가 시즌

 Christmas season
크리스마스 시즌

 football season
(미식) 축구 시즌

 '우리는 사계절이 있다.'는 말은 'We have four seasons.'라고 하면 돼요. 유럽에서는 축구를 football이라고 하고, 미국에서는 soccer라고 해요. American football은 미식 축구를 말해요.

job ~ 직업, 일(과제)

dream job
꿈의 직업

interesting job
재미있는 직업

boring
지루한 직업

great job
잘한 일

world ~ 세계, 세상

business world
사업 세계

digital world
디지털 세계

natural world
자연의 세계

plant
식물 세계

great는 '위대한'이라는 뜻으로도 많이 쓰여요. 예 a great artist 위대한 예술가

141

Step1 단어 단어와 우리말 뜻을 연결하세요.

glass dish ○   ○ 디지털 세계

holiday season ○   ○ 자연의 세계

interesting job ○   ○ 재미있는 직업

digital world ○   ○ 유리 접시

natural world ○   ○ 휴가 시즌

Step2 문장 우리말에 맞게 영어 문장을 완성하세요.

앞의 QR코드를 찍어 완성된 문장을 들어보자

❶ I know it's your _____ _____. 나는 그것이 너의 유리 접시라는 것을 알아요.

❷ I know it's an _____ _____. 나는 그것이 재미있는 직업(일)이라는 것을 알아요.

❸ I know it's your _____ _____. 나는 그것이 너의 금속 접시라는 것을 알아요.

❹ I know it's a _____ _____. 나는 그것이 지루한 직업(일)이라는 것을 알아요.

❺ I know it's a _____ _____. 나는 그것이 자연의 세계라는 것을 알아요.

❻ I know it's a _____ _____. 나는 그것이 디지털 세계라는 것을 알아요.

I know it's ~는 '나는 그것이 ~이라는 것을 알아요'라는 뜻이에요.

❼ I know it's your _____ _____. 나는 그것이 너의 꿈의 직업이라는 것을 알아요.

❽ I know it's a _____ _____. 나는 그것이 잘한 일이라는 것을 알아요.

❾ I know it's _____ _____ now. 나는 지금이 방학 시즌이라는 것을 알아요.

❿ I know it's _____ _____ now. 나는 지금이 축구 시즌이라는 것을 알아요.

1 음식 접시

2 금속 접시

3 작은 접시

4 방학 시즌

5 크리스마스 시즌

6 축구 시즌

7 꿈의 직업

8 지루한 직업

9 사업 세계

10 식물 세계

brain exercise matter work

brain 두뇌 ~

brain activity
두뇌 활동

brain function
두뇌 기능

brain cell
두뇌 세포

death
두뇌 사망 (뇌사)

matter ~ 문제

important matter
중요한 문제

private matter
사적인 문제

other matter
(이것 말고 또) 다른 문제

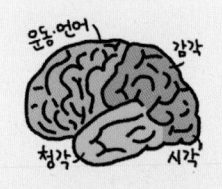
different matter
(모양이나 성격이) 다른 문제

 activity(활동)는 act(활동하다, 행동하다)의 명사형이에요.
노트북 컴퓨터 자판에 쓰여있는 Fn은 function을 줄인 말이에요. Fn을 함께 누르면 기능이 추가된다는 뜻이죠.

exercise ~ 운동

daily exercise
매일의 운동

regular exercise
정기적인 운동

indoor exercise
실내 운동

outdoor exercise
야외 운동

work ~ 일, 작업

hard work
힘든 일

exciting work
흥미진진한 일

dangerous work
위험한 일

group
집단 작업

 exercise는 '연습문제'라는 뜻으로도 많이 쓰여요.

brain activity	중요한 문제
important matter	두뇌 활동
daily exercise	사적인 문제
hard work	힘든 일
private matter	매일의 운동

Step2 문장   우리말에 맞게 영어 문장을 완성하세요. 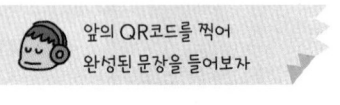 앞의 QR코드를 찍어 완성된 문장을 들어보자

① I'm sure it's _____ _____. 나는 그것이 힘든 일이라고 확신해.

> I'm sure it's ~ '그것은 ~라고 확신해'라는 뜻이에요. I'm sure ~ is important는 '나는 ~가 중요하다고 확신해'가 되지요.

② I'm sure it's _____ _____.
나는 그것이 위험한 일이라고 확신해.

③ I'm sure it's an _____ _____.
나는 그것이 중요한 문제라고 확신해.

④ I'm sure it's a _____ _____. 나는 그것이 (모양이나 성격이) 다른 문제라고 확신해.

⑤ I'm sure it's a _____ _____. 나는 그것이 사적인 문제라고 확신해.

⑥ I'm sure _____ _____ is important. 나는 두뇌 활동이 중요하다고 확신해.

⑦ I'm sure _____ _____ is important. 나는 매일의 운동이 중요하다고 확신해.

⑧ I'm sure _____ _____ is important. 나는 정기적인 운동이 중요하다고 확신해.

⑨ I'm sure _____ _____ is important. 나는 두뇌 기능이 중요하다고 확신해.

⑩ I'm sure _____ _____ is important. 나는 야외 운동이 중요하다고 확신해.

Step3 확인 그림과 우리말 뜻에 알맞은 짝꿍 단어를 빈칸에 쓰세요.

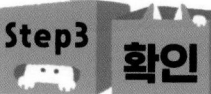

1 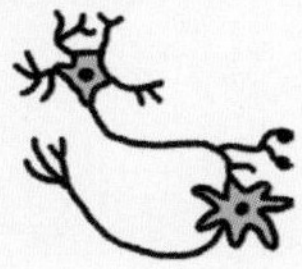 두뇌 세포

2 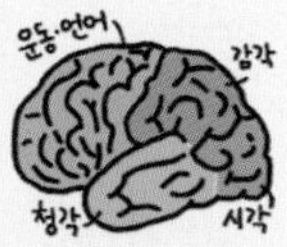

두뇌 기능

3 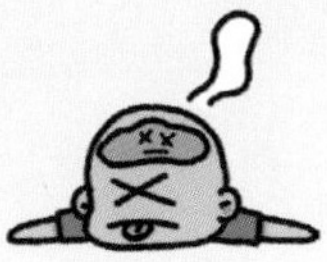 두뇌 사망 (뇌사)

4 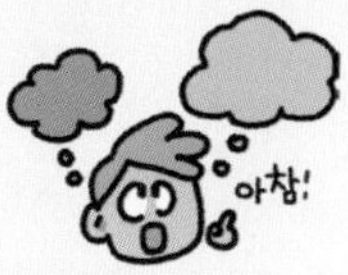

(이것 말고 또)
다른 문제

5 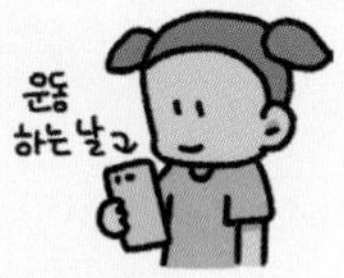 정기적인 운동

6 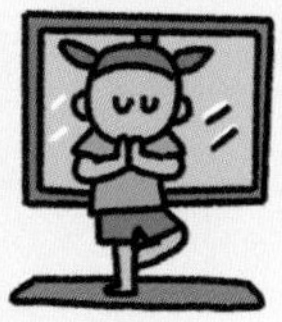 실내 운동

7 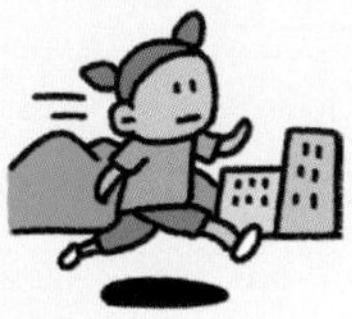 야외 운동

8 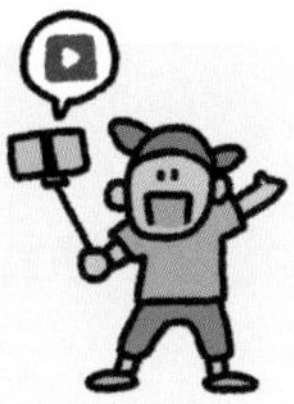 흥미진진한 일

9 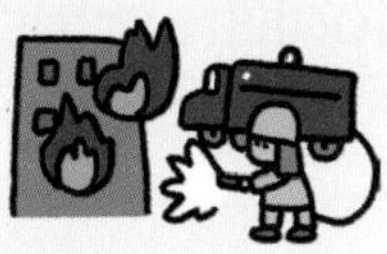 위험한 일

10 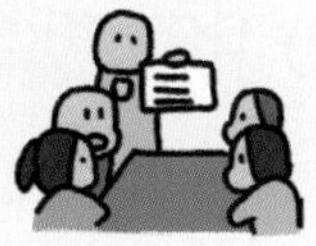 집단 작업

son ~ 아들

a son
한 명의 아들

the son
그 아들

honest son
정직한 아들

polite
공손한 아들

daughter ~ 딸

excellent daughter
뛰어난 딸

only daughter
하나뿐인 딸 (외동딸)

funny daughter
웃기는 딸

foolish daughter
어리석은 딸

 a son = one son (한 명의 아들)

wife 아내를 ~하다

call his wife
아내를 부르다

choose his wife
아내를 고르다

love his wife
아내를 사랑하다

like his ⬜
아내를 좋아하다

husband 남편을/에게 ~하다

push her husband
남편을 밀다

pull her husband
남편을 당기다

need her husband
남편이 필요하다

tell her husband
남편에게 말하다

149

Step1 단어 | 단어와 우리말 뜻을 연결하세요.

honest son	아내를 부르다
excellent daughter	웃기는 딸
call his wife	남편을 밀다
push her husband	정직한 아들
funny daughter	뛰어난 딸

Step2 문장 | 우리말에 맞게 영어 문장을 완성하세요.

앞의 QR코드를 찍어 완성된 문장을 들어보자

1 I won't meet _____ _____.
나는 그 아들을 만나지 않을 거야.

> I won't ~는 '~하지 않을 거야' 하면서 고집을 부리는 것을 말해요. (주어의 의지 포함) 원래는 I will not ~인데 흔히 줄여서 사용해요.

2 I won't meet the _____ _____.
나는 그 웃기는 딸을 만나지 않을 거야.

3 I won't like the _____ _____.
나는 그 어리석은 딸을 좋아하지 않을 거야.

4 I won't like the _____ _____. 나는 그 외동딸을 좋아하지 않을 거야.

5 I won't love the _____ _____. 나는 그 뛰어난 딸을 사랑하지 않을 거야.

6 He won't _____ his _____. 그는 그의 아내를 부르지 않을 거야.

7 He won't _____ his _____. 그는 그의 아내를 사랑하지 않을 거야.

8 She won't _____ her _____. 그녀는 그녀의 남편을 밀지 않을 거야.

9 She _____ _____ her _____. 그녀는 그녀의 남편을 당기지 않을 거야.

10 She _____ _____ her _____. 그녀는 그녀의 남편에게 말하지 않을 거야.

1 한 명의 아들

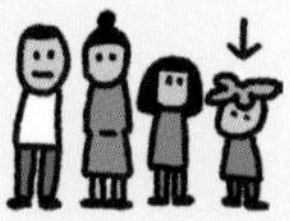

2 공손한 아들

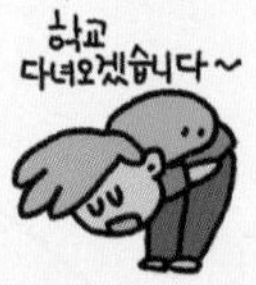

3 하나뿐인 딸 (외동딸)

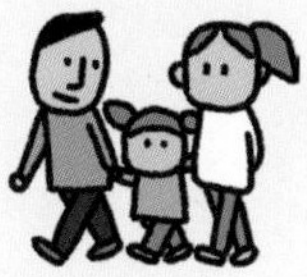

4 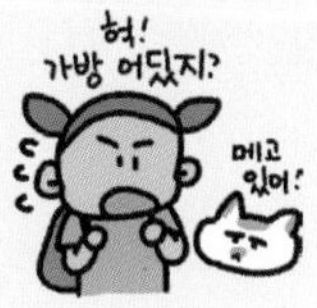 어리석은 딸

5 아내를 고르다

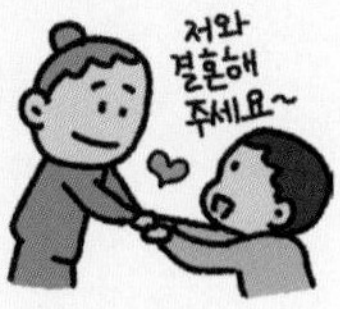

6 아내를 사랑하다

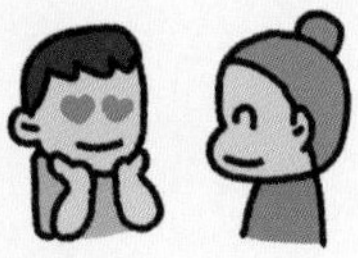

7 아내를 좋아하다

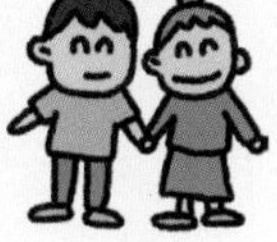

8 남편을 당기다

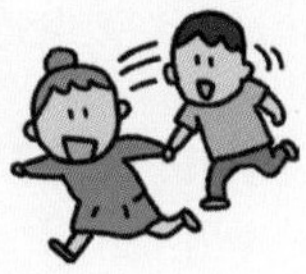

9 남편이 필요하다

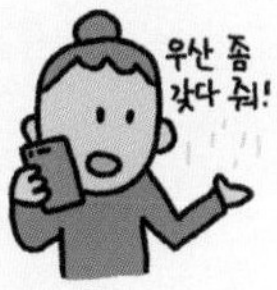

10 남편에게 말하다

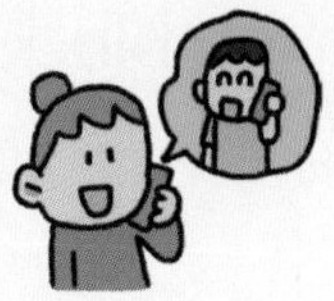

at ~에

 at home
집에

 at the library
도서관에

 the corner
모퉁이에 (코너에)

 at the bakery
빵집에

on ~(위)에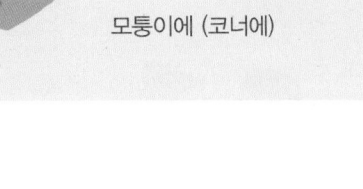

 on the roof
지붕 위에

 on the lake
호수 위에

 on the blackboard
칠판 (위)에

 the map
지도 (위)에

 on은 접촉을 나타내는 말이에요. 위에 붙어 있든 옆에 붙어 있든 상관없어요.

in ☐ ~ 안에

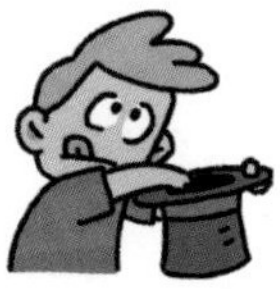

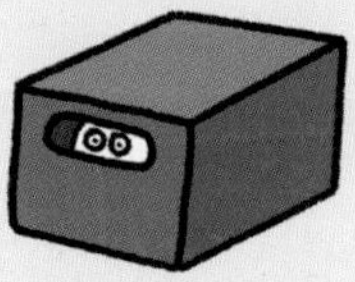

in the box
상자 안에

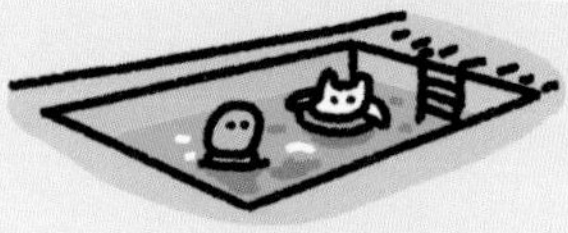

in the pool
수영장 안에

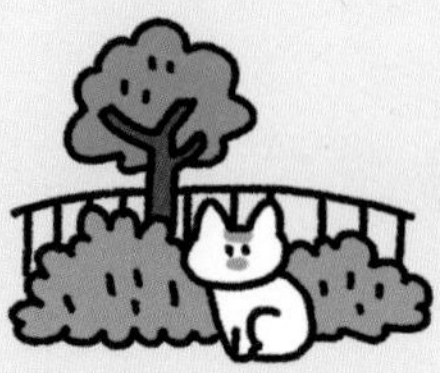

in the garden
정원 안에

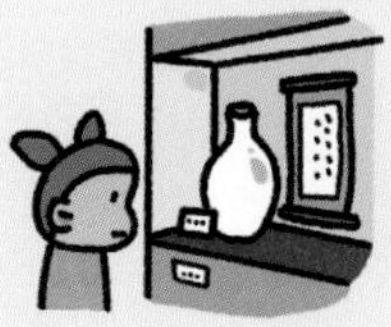

☐ **the museum**
박물관 안에

from ☐ ~에서부터

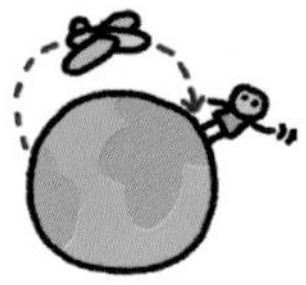

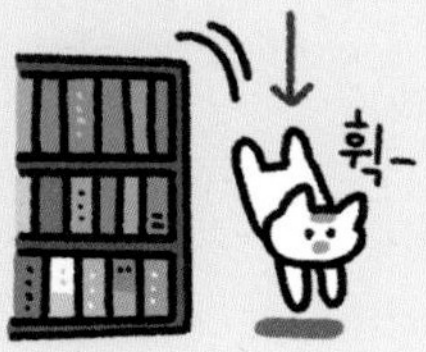

from above
위에서부터

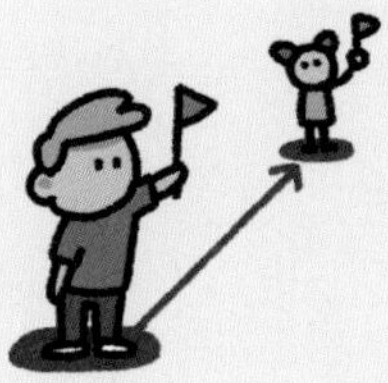

from here
여기에서부터

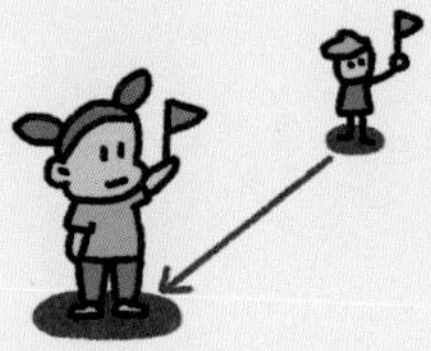

☐ **there**
거기에서부터

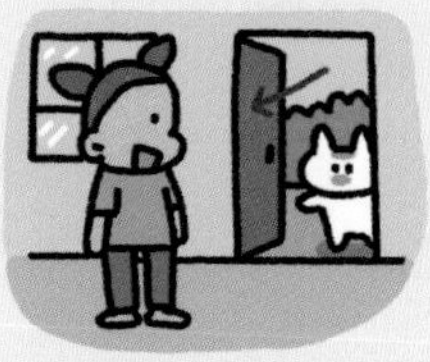

from outside
바깥에서부터

from은 '출신'을 말하기도 해요. 예 I am from Busan. 나는 부산 출신이야. from inside는 '안쪽에서부터'

단어 단어와 우리말 뜻을 연결하세요.

at the library ○   ○ 지도 (위)에

on the lake ○   ○ 바깥에서부터

in the garden ○   ○ 정원 안에

from outside ○   ○ 호수 위에

on the map ○   ○ 도서관에

Step2 **문장** 우리말에 맞게 영어 문장을 완성하세요. 앞의 QR코드를 찍어 완성된 문장을 들어보자

① I was _____ _____. 나는 집에 있었다.

② He was _____ the_____. 그는 지붕 위에 있었다.

③ She was _____ the _____. 그녀는 수영장 안에 있었다.

④ They were _____ the_____. 그들은 도서관에 있었다.

⑤ I was _____ the _____. 나는 정원 안에 있었다.

⑥ It was _____ the _____. 그것은 호수 위에 있었다.

⑦ We were _____ the _____. 우리는 빵집에 있었다.

⑧ You were _____ the _____. 너희들은 박물관 안에 있었다.

⑨ I can see the house _____ _____. 나는 여기서부터 그 집을 볼 수 있다.

⑩ I can see it _____ _____. 나는 바깥에서부터 그것을 볼 수 있다.

> I was ~는 '나는 ~에 있었다'는 뜻이에요. 주어가 단수이면 was, 복수이면 were를 쓴답니다.
> I can see ~는 '나는 ~을 볼 수 있다'는 말이에요. '~이 보인다'라고 자연스럽게 해석할 수 있어요.

1 집에

2 모퉁이에 (코너에)

3 빵집에

4 지붕 위에

5 칠판 (위)에

6 상자 안에

7 수영장 안에

8 박물관 안에

9 위에서부터

10 거기에서부터

do   ~하다

do homework 숙제하다	**do business** 사업하다	**do something** 무엇인가를 하다
anything 무엇이든 하다	**do a puzzle** 퍼즐을 하다	**do a crossword** 크로스워드를 하다
do a sketch 스케치 하다	**do a favor** 호의를 베풀다	**the flowers** 꽃꽂이를 하다

시작해볼까!

have ~을 가지고 있다

다 내꺼야!
꼬옥

have a bicycle
자전거를 가지고 있다

have a candy
사탕을 가지고 있다

have a cookie
쿠키를 가지고 있다

have a doll
인형을 가지고 있다

시원~

have a fan
선풍기를 가지고 있다

a key
열쇠를 가지고 있다

have a name
이름을 가지고 있다

have a pet
반려동물을 가지고 있다

have a phone
전화기를 가지고 있다

 bicycle은 간단히 bike라고 해요. 여기서 bi는 '두 개'라는 뜻인데 자전거 바퀴가 두 개라서 생긴 이름이에요.

do homework	자전거를 가지고 있다
have a bicycle	퍼즐을 하다
do a puzzle	호의를 베풀다
have a fan	숙제하다
do a favor	선풍기를 가지고 있다

1 Do you _____ a _____? 너는 자전거를 가지고 있니?

2 Do you _____ a _____? 너는 인형을 가지고 있니?

3 Do you _____ a _____? 너는 반려동물을 가지고 있니?

4 Do you _____ a _____? 너는 열쇠를 가지고 있니?

5 Do you _____ a _____? 너는 전화기를 가지고 있니?

6 Did you _____ your _____? 너는 숙제를 했니?

7 Did you _____ a _____? 너는 크로스워드를 했니?

8 Did you _____ a _____? 너는 퍼즐을 했니?

9 Did you _____ the _____s? 너는 꽃꽂이를 했니?

10 Did you _____ a _____? 너는 스케치를 했니?

> Do you have ~?는 '너는 ~을 가지고 있니?'라는 의미로 현재의 상태를 물어 보는 것이고, Did you do ~?는 '너는 ~을 했니?'하고 물어 보는 과거 의문문이에요.

1 사업하다

2 무엇인가를 하다

3 무엇이든 하다

4 스케치 하다

5 꽃꽂이를 하다

6 사탕을 가지고 있다

7 쿠키를 가지고 있다

8 인형을 가지고 있다

9 이름을 가지고 있다

10 전화기를 가지고 있다

get **take**

get [ ] ~을 받다, 얻다

get a letter
편지를 받다

get an e-mail
이메일을 받다

get a prize
상을 받다

get a present
선물을 받다

[ ] **a shock**
충격을 받다

get a score
점수를 받다

get a ticket
티켓을 받다

[ ] **an idea**
아이디어를 얻다

get an answer
답을 얻다

take

~을 가져가다

take an umbrella
우산을 가져가다

take shoes
신발을 가져가다

take slippers
슬리퍼를 가져가다

take gloves
장갑을 가져가다

take a toy
장난감을 가져가다

take a candle
양초를 가져가다

 **coffee**
커피를 가져가다

take samples
샘플을 가져가다

take medicine
약을 복용하다

 take medicine은 약을 입안으로 가져가는 것이니까 '복용하다'라는 뜻이 돼요.

get a prize   상을 받다

take slippers   점수를 받다

get a score   양초를 가져가다

take a candle   약을 복용하다

take medicine   슬리퍼를 가져가다

  Step2 문장   우리말에 맞게 영어 문장을 완성하세요.   앞의 QR코드를 찍어 완성된 문장을 들어보자

❶ I didn't _____ an _____. 나는 이메일을 받지 않았다.

❷ I didn't _____ a _____. 나는 상을 받지 않았다.

❸ He didn't _____ a _____. 그는 충격을 받지 않았다.

> I didn't ~는 I did not을 줄인 말로 '~하지 않았다'라는 뜻이에요. 주어가 바뀌어도 did not은 변하지 않아요.

❹ I didn't _____ a _____. 나는 티켓을 받지 않았다.

❺ She didn't _____ an _____. 그녀는 아이디어를 얻지 못했다.

❻ I didn't _____ _____. 나는 신발을 가져가지 않았다.

❼ They didn't _____ _____. 그들은 장갑을 가져가지 않았다.

❽ We _____ _____ a _____. 우리는 장난감을 가져가지 않았다.

❾ I _____ _____ _____. 나는 커피를 가져가지 않았다.

❿ I _____ _____ _____. 나는 샘플을 가져가지 않았다.

Step3 확인 그림과 우리말 뜻에 알맞은 짝꿍 단어를 빈칸에 쓰세요.

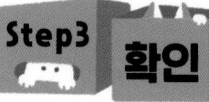

1 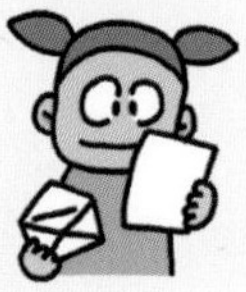 편지를 받다

2 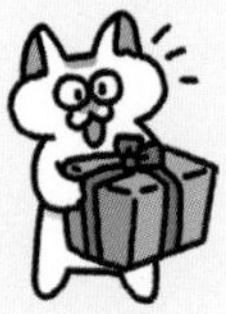 선물을 받다

3 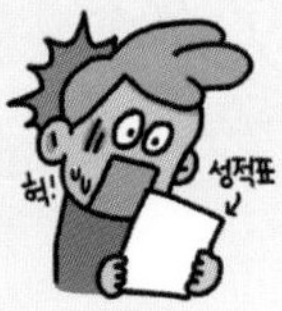

충격을 받다

4 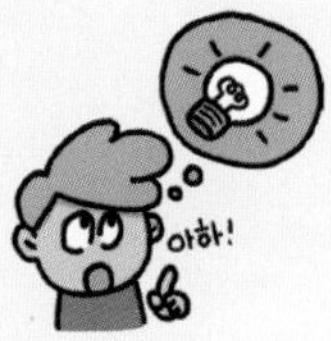

아이디어를 얻다

5 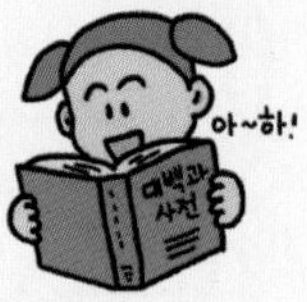

답을 얻다

6 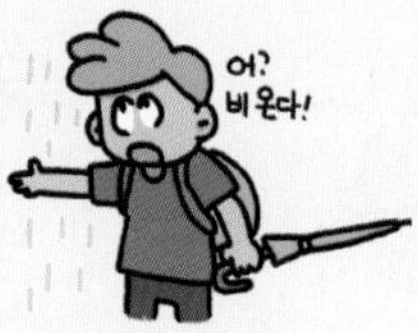

우산을 가져가다

7 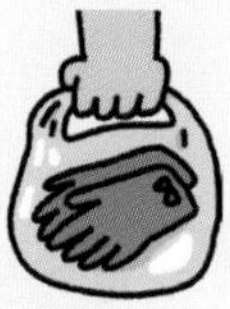 장갑을 가져가다

8 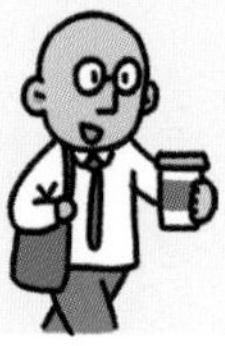 커피를 가져가다

9 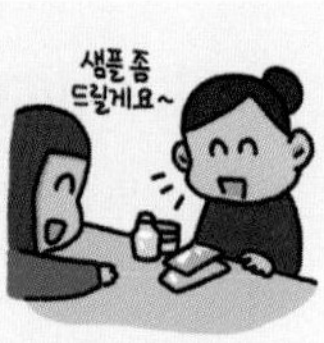

샘플을 가져가다

10 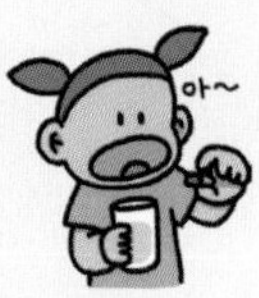

약을 복용하다

make give

make [ ] ~을 만들다

make a robot
로봇을 만들다

make a machine
기계를 만들다

make paper
종이를 만들다

[ ] **a road**

길을 만들다

make a poem
시를 만들다

make clothes
옷을 만들다

make a noise
소음을 만들다 (소란을 피우다)

make money
돈을 벌다

make war
전쟁을 일으키다

◇ cloth(천)를 모아서 옷을 만들기 때문에 cloth의 복수형인 clothes는 '옷'을 의미해요.
◇ 보통 사람들은 돈을 만들어 낼 수 없으므로 make money라고 하면 돈을 버는 것을 말해요.
◇ make war는 전쟁을 만들다, 즉 '전쟁을 일으키다'라는 뜻이에요.

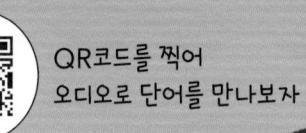

give  ~을 주다

give a ring
반지를 주다

give gold
금을 주다

give silver
은을 주다

 a diamond
다이아몬드를 주다

give a snack
간식을 주다

give fish
물고기를 주다

give more
더 주다

give a kiss
키스해 주다

 a chance
기회를 주다

give a kiss는 키스를 주다, 즉 '키스해 주다'라는 뜻이에요.

Step1 단어
단어와 우리말 뜻을 연결해보세요.

make war	길을 주다
give a chance	금을 주다
make noise	떠들다
give gold	전쟁을 일으키다
make a road	기회를 주다

Step2 공장
우리말에 맞게 영어 문장을 완성해보세요.

주어진 단어를 적어 완성된 문장을 만들자

1. Can you _____ a _____ ? 나는 도로를 만들 수 있니?

2. Can you _____ _____ ? 나는 전쟁 만들 수 있니?

Can you~?는 '너는 ~을 할 수 있니?'라는 뜻의 표현이에요.

3. Can you _____ a _____ ? 나는 기회를 만들 수 있니?

4. Can you _____ a _____ ? 나는 시험 치를 수 있니?

5. Can you _____ _____ ? 나는 종이를 만들 수 있니?

6. Can you _____ me a _____ ? 나는 내게 편지를 줄 수 있니?

7. Can you _____ me a _____ ? 나는 내게 기회를 줄 수 있니?

8. Can you _____ me a _____ ? 나는 내게 간식을 줄 수 있니?

9. Can you _____ me _____ ? 나는 내게 꽃고기를 줄 수 있니?

10. Can you _____ me _____ ? 나는 내게 더 줄 수 있니?

Step3 확인

그림과 우리말 뜻에 알맞은 짝꿍 단어를 빈칸에 쓰세요.

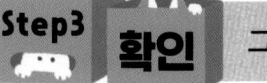

1 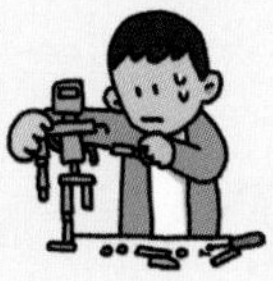 로봇을 만들다

2 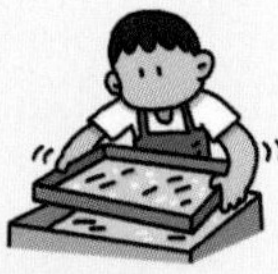 종이를 만들다

3 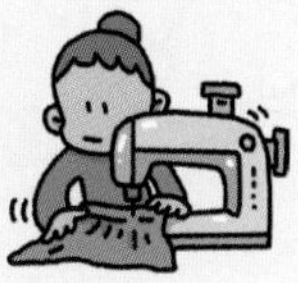 옷을 만들다

4 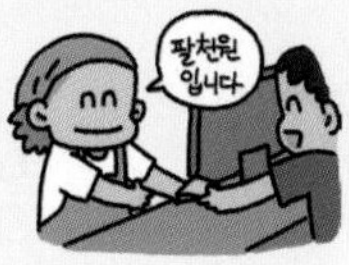

돈을 벌다

5 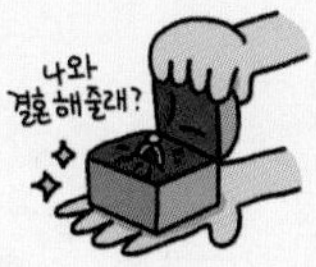

반지를 주다

6 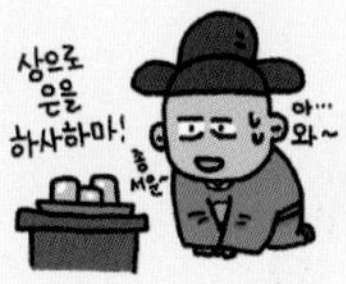

은을 주다

7 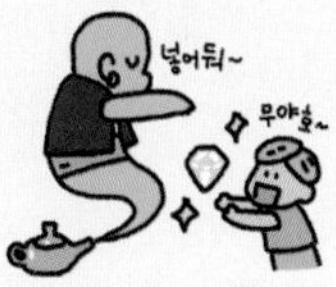

다이아몬드를 주다

8 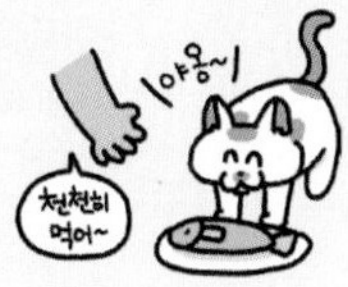

간식을 주다

9 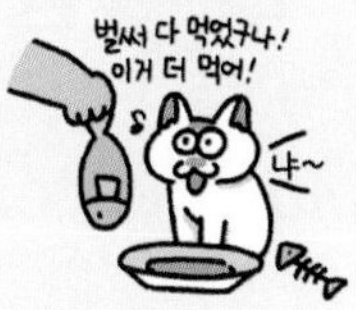

더 주다

10 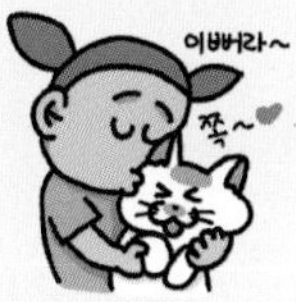

키스해 주다

play　wear

play [ ]　~을 놀다, (경기, 연주 등을) 하다

play a game
게임을 하다

play basketball
농구를 하다

play volleyball
배구를 하다

[ ] **handball**
핸드볼을 하다

play the piano
피아노를 치다

play the violin
바이올린을 켜다

[ ] **the guitar**
기타를 치다

play the flute
플루트를 불다

play the cello
첼로를 켜다

 연주하는 것은 특정한 그 악기를 가지고 하는 것이기 때문에 악기 앞에 the를 붙여요.

wear

~을 입다(쓰다, 끼다, 신다)

wear a helmet 헬멧을 쓰다	**wear glasses** 안경을 쓰다	**wear lenses** 렌즈를 끼다

wear a vest 조끼를 입다	**wear jeans** 청바지를 입다	**wear a suit** 정장을 입다

wear a belt 허리띠를 차다	**wear a badge** 배지를 달다	**wear a necklace** 목걸이를 걸다

 몸에 걸치는 것은 모두 wear를 쓸 수 있어요. 예 **wear shoes(socks)** 신발(양말)을 신다

169

play basketball   정장을 입다

wear glasses   농구를 하다

play the piano   피아노를 치다

wear a suit   목걸이를 걸다

wear a necklace   안경을 쓰다

Step2 문장 우리말에 맞게 영어 문장을 완성하세요.

앞의 QR코드를 찍어 완성된 문장을 들어보자

① Let's ＿＿＿＿ ＿＿＿＿＿. 핸드볼 하자.

② Let's ＿＿＿ the ＿＿＿＿. 기타를 치자.

③ Let's ＿＿＿ the ＿＿＿. 플루트를 불자.

④ Let's ＿＿＿＿ ＿＿＿＿＿. 농구를 하자.

⑤ Let's ＿＿＿ the ＿＿＿＿. 바이올린을 켜자.

⑥ Are you ＿＿＿ing a ＿＿＿? 너는 조끼를 입고 있니?

⑦ Are you ＿＿＿ing a ＿＿＿? 너는 허리띠를 차고 있니?

⑧ Are you ＿＿＿ing a ＿＿＿? 너는 배지를 차고 있니?

⑨ Are you ＿＿＿ing ＿＿＿? 너는 청바지를 입고 있니?

⑩ ＿＿＿ you ＿＿＿＿ ＿＿＿? 너는 안경을 쓰고 있니?

> Let's ~는 '~하자'라는 뜻이고, Are you wearing ~?은 '너는 ~을 입고 있니?'라는 뜻이에요.

Step3 확인

그림과 우리말 뜻에 알맞은 짝꿍 단어를 빈칸에 쓰세요.

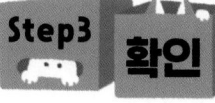

1 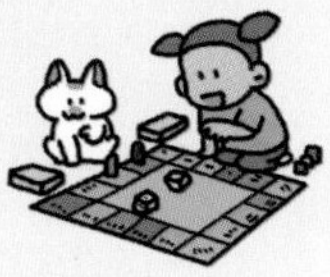 게임을 하다

2 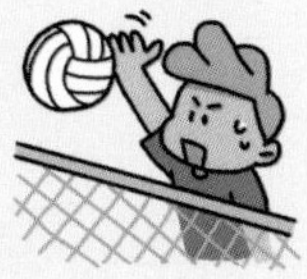 배구를 하다

3 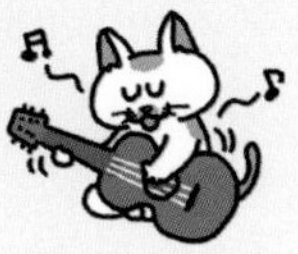 기타를 치다

4 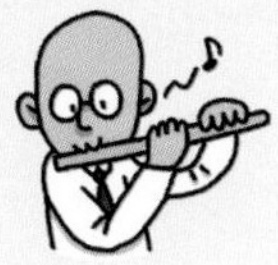 플루트를 불다

5 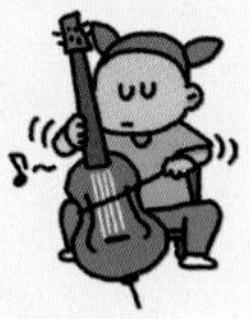 첼로를 켜다

6 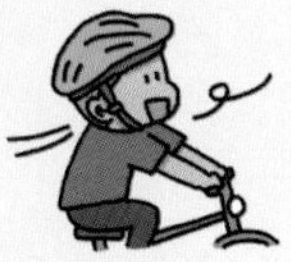 헬멧을 쓰다

7 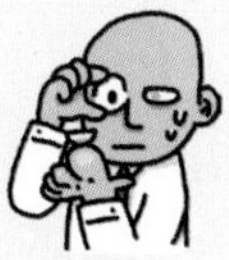 렌즈를 끼다

8 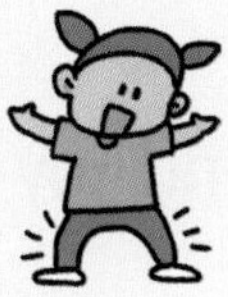 청바지를 입다

9 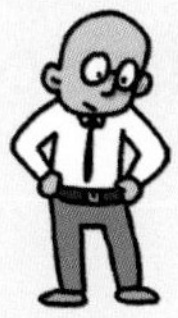 허리띠를 차다

10 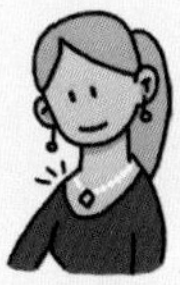 목걸이를 걸다

keep [　　　] ～을 유지하다

keep your balance
균형을 유지하다

keep calm
평정을 유지하다, 침착하다

keep the peace
평화를 유지하다,
평화를 지키다

[　　　] **your distance**
거리를 유지하다

find [　　　] ～을 찾다

find joy
기쁨을 찾다

find hope
희망을 찾다

[　　　] **happiness**
행복을 찾다

find courage
용기를 찾다

 형용사 happy(행복한)에 ness를 붙이면 명사 happiness(행복)가 돼요.

arrive  ~ 도착하다

 **arrive now**
지금 도착하다

 **early**
일찍 도착하다

 **arrive late**
늦게 도착하다

 **arrive soon**
곧 도착하다

drive ~ 운전하다

 **drive well**
운전을 잘하다

 **drive slowly**
천천히 운전하다

 **carefully**
조심스럽게 운전하다

 **drive away**
(차를 몰고) 떠나다

173

Step1 단어 단어와 우리말 뜻을 연결하세요.

keep your balance   천천히 운전하다

find joy   일찍 도착하다

arrive early   평화를 유지하다, 평화를 지키다

drive slowly   균형을 유지하다

keep the peace   기쁨을 찾다

Step2 문장 우리말에 맞게 영어 문장을 완성하세요. 앞의 QR코드를 찍어 완성된 문장을 들어보자

❶ _____ your _____, please. 균형을 유지하세요.

❷ _____ _____, please. 침착하세요.

❸ _____ your _____, please. 거리를 유지해 주세요.

❹ _____ _____, please. 천천히 운전해 주세요.

❺ _____ _____, please. 조심스럽게 운전해 주세요.

> 문장 끝에 please를 붙이면 좀 더 공손한 표현이 되지요. 문장 맨 앞에 써도 괜찮아요.
> I can't ~는 I can not의 줄임말로 '나는 ~을 할 수가 없다'는 표현이에요.

❻ I can't _____ _____. 나는 기쁨을 찾을 수 없어.

❼ I can't _____ _____. 나는 행복을 찾을 수 없어.

❽ I can't _____ _____. 나는 용기를 찾을 수 없어.

❾ I _____ _____ _____. 나는 일찍 도착할 수가 없어.

❿ _____ _____ _____ _____. 나는 지금 도착할 수가 없어.

그림과 우리말 뜻에 알맞은 짝꿍 단어를 빈칸에 쓰세요.

1 평정을 유지하다, 침착하다

2 거리를 유지하다

3 희망을 찾다

4 행복을 찾다

5 지금 도착하다

6 늦게 도착하다

7 곧 도착하다

8 운전을 잘하다

9 (차를 몰고) 떠나다

10 조심스럽게 운전하다

DAY 1   16p

Step 2

1 This is an <u>old</u> <u>temple</u>.
2 This is a <u>large</u> <u>bank</u>.
3 This is a <u>movie</u> <u>theater</u>.
4 This is a <u>city</u> <u>park</u>.
5 This is an <u>ice cream</u> <u>store</u>.
6 That is a <u>gift</u> <u>shop</u>.
7 That is a <u>busy</u> <u>restaurant</u>.
8 That is a <u>tall</u> <u>building</u>.
9 That is a <u>new</u> <u>church</u>.
10 That <u>is</u> a <u>high</u> <u>mountain</u>.

DAY 2   20p

Step 2

1 He is a <u>rich</u> <u>gentleman</u>.
2 He is a <u>little</u> <u>kid</u>.
3 He is a <u>young</u> <u>boy</u>.
4 He is a <u>problem</u> <u>child</u>.
5 He is Mr. <u>Stone</u>.
6 He <u>is</u> a <u>wise</u> <u>man</u>.
7 She is a <u>teenage</u> <u>girl</u>.
8 She is a <u>clever</u> <u>woman</u>.
9 She is Ms. Bell.
10 She <u>is</u> a <u>poor</u> <u>lady</u>.

DAY 3   24p

Step 2

1 I love my <u>nice</u> <u>grandfather</u>.
2 I love my <u>baby</u> <u>cousin</u>.
3 I love my <u>lazy</u> <u>brother</u>.
4 I love my <u>beautiful</u> <u>mother</u>.
5 I love my <u>smart</u> <u>uncle</u>.
6 I love my <u>handsome</u> <u>father</u>.
7 I love my <u>cute</u> <u>puppy</u>.
8 I love <u>my</u> <u>pretty</u> <u>aunt</u>.
9 I love <u>my</u> <u>kind</u> <u>grandmother</u>.
10 I love <u>my</u> <u>lovely</u> sister.

DAY 4   28p

Step 2

1 I like a <u>quiet</u> <u>rabbit</u>.
2 I like a <u>fast</u> <u>cheetah</u>.
3 I like a <u>big</u> <u>dinosaur</u>.
4 I like a <u>loud</u> <u>voice</u>.
5 I like a <u>quick</u> <u>shower</u>.
6 I like a <u>thin</u> <u>ant</u>, too.
7 I like a <u>slow</u> <u>turtle</u>, too.
8 I like a <u>noisy</u> <u>classroom</u>, too.
9 I like a <u>small</u> <u>house</u>, too.
10 I like a <u>fat</u> <u>friend</u>, too.

DAY 5   32p

Step 2

1 I want the <u>sweet</u> <u>potato</u>.
2 I want the <u>tomato</u> <u>juice</u>.
3 I want the <u>lemon</u> <u>tea</u>.
4 I want the <u>egg</u> <u>sandwich</u>.
5 I want <u>the</u> <u>carrot</u> <u>cake</u>.
6 I want that <u>drinking</u> <u>water</u>.
7 I want that <u>pork</u> <u>sausage</u>.
8 I want that <u>chocolate</u> <u>milk</u>.
9 I want <u>that</u> <u>meat</u> <u>pie</u>.
10 I <u>want</u> <u>that</u> <u>cream</u> <u>soda</u>.

DAY 6   36p

Step 2

1 I have a <u>face</u> <u>mask</u>.
2 I have a <u>hairpin</u>.
3 I have a <u>(neck)tie</u>.
4 I have a <u>toothbrush</u>.
5 I have a <u>mouthwash</u>.
6 I <u>have</u> a <u>forehead</u>.
7 I have <u>earrings</u>.
8 I have <u>eyebrows</u>.
9 I have <u>nostrils</u>.
10 It has a <u>chin</u> <u>strap</u>.

Step 2

1 He has broad shoulders.
2 He has strong arms.
3 He has dark hands.
4 He has smelly feet.
5 He has powerful legs.
6 She has a straight back.
7 She has slim hips.
8 She has two little fingers.
9 She has two middle toes.
10 The cat has a curly tail.

Step 2

1 I want to be a movie actor.
2 I want to be a traffic cop.
3 I want to be a pop singer.
4 I want to be a hospital nurse.
5 I want to be a jet pilot.
6 I want to be an animal doctor.
7 I want to be a hotel chef.
8 I want to be a taxi driver.
9 I want to be a computer scientist.
10 I want to be a fashion model.

Step 2

1 Look at the yellow balloon.
2 Look at the red rose.
3 Look at the green grass.
4 Look at the gray smoke.
5 Look at the white wine.
6 Look at the color purple.
7 Look at the brown socks.
8 Look at the pink dress.
9 Look at the blue sea.
10 Look at the black knight.

Step 2

1 Is this your swim cap?
2 Is this your tennis racket?
3 Is this your ski pole?
4 Is this his soccer ball?
5 Is this his baseball bat?
6 Is this his badminton net?
7 Is this her hockey stick?
8 Is this your ice skate?
9 Is this the golf hole?
10 Are these her snowboard goggles?

Step 2

1 It is one eleven.
2 It is two twelve.
3 It is three thirteen.
4 It is four fourteen.
5 It is five fifteen.
6 It's six sixteen.
7 It's seven seventeen.
8 It's eight eighteen.
9 It's nine nineteen.
10 It's ten twenty.

Step 2

1 It is twenty-two dollars.
2 It is thirty-three dollars.
3 It is forty-four dollars.
4 It is fifty-five dollars.
5 It is sixty-six dollars.
6 It's seventy-seven dollars.
7 It's eighty-eight dollars.
8 It's ninety-nine dollars.
9 It's one thousand one hundred dollars.
10 It's a million dollars. / It's a billion dollars.

DAY 13 64p

Step 2

1 There is a <u>wood</u> floor.
2 There is a <u>dirty</u> carpet.
3 There is a <u>kitchen</u> table.
4 There is a <u>lace</u> curtain.
5 There is a <u>low</u> ceiling.
6 There are two <u>fridge</u> doors.
7 There are two <u>picture</u> frames.
8 There are two <u>clean</u> windows.
9 There are two <u>wall</u> clocks.
10 There <u>are</u> two <u>soft</u> sofas.

DAY 14 68p

Step 2

1 I need a <u>dry</u> <u>towel</u>.
2 I need a <u>plastic</u> comb.
3 I need a <u>mild</u> shampoo.
4 I need a <u>long</u> bathtub.
5 I need a <u>round</u> mirror.
6 I need a <u>short</u> rug.
7 I need a <u>body</u> cleanser.
8 I need a <u>wet</u> brush.
9 I need <u>bath</u> <u>soap</u>.
10 I need <u>toilet</u> paper.

DAY 15 71p

Step 2

1 I like to use <u>that</u> <u>bag</u>.
2 I like to use <u>those</u> <u>pens</u>.
3 I like to use <u>his</u> ruler.
4 I like to use <u>my</u> pencil.
5 I like to use <u>this</u> computer.
6 I like to use <u>these</u> chairs.
7 I like to use <u>our</u> room.
8 I like to use <u>your</u> eraser.
9 I like <u>to</u> use <u>your</u> glue.
10 I like to use <u>its</u> notebook.

DAY 16 76p

Step 2

1 Show me the <u>watermelon</u> <u>seed</u>.
2 Show me the <u>grape</u> jam.
3 Show me the <u>kiwi</u> peel.
4 Show me the <u>apple</u> pie.
5 Show me the <u>peach</u> yogurt.
6 Show me the <u>orange</u> blossom.
7 Show me the <u>banana</u> bread.
8 Show me the <u>pear</u> tree.
9 Show <u>me</u> the <u>strawberry</u> cake.
10 <u>Show</u> <u>me</u> the <u>fruit</u> basket.

DAY 17 80p

Step 2

1 Do you know the <u>lion</u> of the <u>UK</u>?
2 Do you know the <u>elephant</u> of <u>Thailand</u>?
3 Do you know the <u>tiger</u> of <u>Korea</u>?
4 Do you know the <u>wolf</u> of <u>Italy</u>?
5 Do you know the <u>kangaroo</u> of <u>Australia</u>?
6 Do you know the <u>bear</u> of <u>Russia</u>?
7 Do you know the <u>eagle</u> of the <u>USA</u>?
8 Do you know <u>the</u> <u>panda</u> of <u>China</u>?
9 Do you <u>know</u> <u>the</u> <u>beaver</u> of <u>Canada</u>?
10 Do <u>you</u> <u>know</u> <u>the</u> <u>rooster</u> of <u>France</u>?

DAY 18 84p

Step 2

1 A <u>duck</u> says "<u>quack</u>."
2 An <u>owl</u> says "<u>hoo</u>."
3 A <u>pig</u> says "<u>oink</u>."
4 A <u>bird</u> says "<u>tweet</u>."
5 A <u>bee</u> says "<u>buzz</u>."
6 A <u>dog</u> says "<u>woof</u>."
7 A <u>snake</u> <u>says</u> "<u>hiss</u>."
8 A <u>cow</u> says "<u>moo</u>."
9 A <u>sheep</u> <u>says</u> "<u>baa</u>."
10 A <u>cat</u> <u>says</u> "<u>meow</u>."

DAY 19 88p

Step 2

1. Pass me the first salt, please.
2. Pass me the second sugar, please.
3. Pass me the third pepper, please.
4. Pass me the fourth sauce, please.
5. Pass me the fifth oil, please.
6. Pass me the sixth ketchup, please.
7. Pass me the seventh mayo, please.
8. Pass me the eighth butter, please.
9. Pass me the ninth cheese, please.
10. Pass me the tenth corn, please.

DAY 20 92p

Step 2

1. I'd like to meet the eleventh gorilla.
2. I'd like to meet the twelfth horse.
3. I'd like to meet the thirteenth deer.
4. I'd like to meet the fourteenth koala.
5. I'd like to meet the fifteenth monkey.
6. I'd like to meet the sixteenth mouse.
7. I'd like to meet the seventeenth frog.
8. I'd like to meet the eighteenth alligator.
9. I'd like to meet the nineteenth whale.
10. I'd like to meet the twentieth penguin.

DAY 21 96p

Step 2

1. I am wearing a leather coat.
2. I am wearing a long skirt.
3. I am wearing cotton pajamas.
4. I am wearing short pants.
5. I am wearing a summer shirt.
6. I am wearing a wool sweater.
7. I am wearing a fall jacket.
8. I am wearing winter boots.
9. I am wearing a fur hat.
10. I am wearing a spring scarf.

DAY 22 100p

Step 2

1. I am having vegetable soup.
2. I am having a handmade burger.
3. I am having a fresh salad.
4. I am having yummy pizza.
5. I am having fried chicken.
6. I am having a simple breakfast.
7. I am having a healthy brunch.
8. I am having a tasty lunch.
9. I am having a light supper.
10. I am having a heavy dinner.

DAY 23 104p

Step 2

1. I will meet the history teacher.
2. I will buy the art book.
3. I will take the music class.
4. I will pass the difficult exam.
5. I will learn the Korean alphabet.
6. I will go to the science lab.
7. I will buy the English dictionary.
8. I will pass the math test.
9. I will answer the easy quiz.
10. I will practice jumping rope this P.E. lesson.

DAY 24 108p

Step 2

1. I like to take a sports car.
2. I like to take an air taxi.
3. I like to take a river boat.
4. I like to take the express subway.
5. I like to take an airport shuttle.
6. I like to take a family van.
7. I like to take a cruise ship.
8. I like to take an army truck.
9. I like to take a jet plane.
10. I like to take a tour bus.

정답과 해설

DAY 25 112p

Step 2

1 See you next Tuesday.
2 See you before Wednesday.
3 See you after Thursday.
4 See you every Sunday.
5 See you today afternoon.
6 See you tomorrow evening.
7 I saw you last Monday.
8 I saw you yesterday morning.
9 I haven't seen him since Friday.
10 Each Saturday we go to a different cafe.

DAY 26 116p

Step 2

1 I am so sick.
2 I am very bored.
3 I am too excited.
4 I am terribly tired.
5 I am really hungry.
6 It's not a happy smile.
7 It's not good news.
8 It's not a sad story.
9 It's not an angry face.
10 It's not a bad feeling.

DAY 27 120p

Step 2

1 It's sunny today.
2 It's cloudy today.
3 It's windy today.
4 It's rainy today.
5 It's snowy today.
6 It's foggy today.
7 It's stormy today.
8 It's hailing today.
9 It's chilly today.
10 It's icy today.

DAY 28 124p

Step 2

1 I think you like this warm house.
2 I think you don't like hot weather.
3 I think you like a cool climate.
4 I think you don't like cold days.
5 I think you don't like freezing mountains.
6 I think you like rainbow silk.
7 I thought you heard a typhoon siren.
8 I thought you heard a tornado warning.
9 I thought you heard a thunderclap.
10 I thought you saw a lightning flash.

DAY 29 128p

Step 2

1 Right and left are different from each other.
2 Up and down are different from each other.
3 Push and pull are different from each other.
4 South and north are different from each other.
5 Stand and sit are different from each other.
6 Near and far are different from each other.
7 Start and stop are different from each other.
8 Front and back are different from each other.
9 East and west are different from each other.
10 Go and come are different from each other.

DAY 30 132p

Step 2

1 Who is that person?
2 Where is the place?
3 How many? Tell me the total number.
4 How much? Tell me the total quantity.
5 Why are you late? Tell me the reason.
6 A: How do you pack your bag?
   B: Look, this is the way I pack it.
7 A: Which one does everyone want?
   B: My choice is the red one.
8 A: When does the shop open?
   B: I don't know the time.
9 A: What can I choose?
   B: Anything you want.
10 A: Whose pencil is this?
   B: This is mine.

DAY 31
138p

Step 2

1 I am interested in Asian culture.
2 I am interested in having smooth skin.
3 I am interested in starting an internet diary.
4 I am interested in keeping a travel diary.
5 He is interested in meeting wonderful people.
6 He is interested in the popular people.
7 She is interested in famous people.
8 They are interested in having fine skin.
9 I am interested in European culture.
10 He is interested in African culture.

DAY 32
142p

Step 2

1 I know it's your glass dish.
2 I know it's an interesting job.
3 I know it's your metal dish.
4 I know it's a boring job.
5 I know it's a natural world.
6 I know it's a digital world.
7 I know it's your dream job.
8 I know it's a great job.
9 I know it's vacation season now.
10 I know it's football season now.

DAY 33
146p

Step 2

1 I'm sure it's hard work.
2 I'm sure it's dangerous work.
3 I'm sure it's an important matter.
4 I'm sure it's a different matter.
5 I'm sure it's a private matter.
6 I'm sure brain activity is important.
7 I'm sure daily exercise is important.
8 I'm sure regular exercise is important.
9 I'm sure brain function is important.
10 I'm sure outdoor exercise is important.

DAY 34
150p

Step 2

1 I won't meet the son.
2 I won't meet the funny daughter.
3 I won't like the foolish daughter.
4 I won't like the only daughter.
5 I won't love the excellent daughter.
6 He won't call his wife.
7 He won't love his wife.
8 She won't push her husband.
9 She won't pull her husband.
10 She won't tell her husband.

DAY 35
154p

Step 2

1 I was at home.
2 He was on the roof.
3 She was in the pool.
4 They were at the library.
5 I was in the garden.
6 It was on the lake.
7 We were at the bakery.
8 You were in the museum.
9 I can see the house from here.
10 I can see it from outside.

DAY 36
158p

Step 2

1 Do you have a bicycle?
2 Do you have a doll?
3 Do you have a pet?
4 Do you have a key?
5 Do you have a phone?
6 Did you do your homework?
7 Did you do a crossword?
8 Did you do a puzzle?
9 Did you do the flowers?
10 Did you do a sketch?

DAY 37 — 162p

Step 2

1 I didn't get an e-mail.
2 I didn't get a prize.
3 He didn't get a shock.
4 I didn't get a ticket.
5 She didn't get an idea.
6 I didn't take shoes.
7 They didn't take gloves.
8 We didn't take a toy.
9 I didn't take coffee.
10 I didn't take samples.

DAY 38 — 166p

Step 2

1 Can you make a robot?
2 Can you make clothes?
3 Can you make a machine?
4 Can you make a poem?
5 Can you make paper?
6 Can you give me a ring?
7 Can you give me a chance?
8 Can you give me a snack?
9 Can you give me fish?
10 Can you give me more?

DAY 39 — 170p

Step 2

1 Let's play handball.
2 Let's play the guitar.
3 Let's play the flute.
4 Let's play basketball.
5 Let's play the violin.
6 Are you wearing a vest?
7 Are you wearing a belt?
8 Are you wearing a badge?
9 Are you wearing jeans?
10 Are you wearing glasses?

DAY 40 — 174p

Step 2

1 Keep your balance, please.
2 Keep calm, please.
3 Keep your distance, please.
4 Drive slowly, please.
5 Drive carefully, please.
6 I can't find joy.
7 I can't find happiness.
8 I can't find courage.
9 I can't arrive early.
10 I can't arrive now.

하브루타로 생각을 키우는
초등 첫 리딩

영어 독해력 향상은 기본!
초등 기본 어휘와 사이트 워드로 재미있게 엮은 이야기를 읽고
다양한 학습 액티비티를 풀면서 독해력을 길러요

하브루타 학습법으로 사고력도 쑥쑥!
하브루타 워크북 안에 생각을 자극하는 질문들이
가득 있어 사고력을 기를 수 있어요

영어책 읽기에 대한 흥미도 업!
같은 소재로 연결된 논픽션과 픽션을 고루 읽으며
영어 글 읽기의 재미를 느껴 보세요!

wear glasses

keep calm

wear a necklace

keep the peace

진짜 진짜

짝꿍
단어

뒤집기 노트
- 단어 쓰기 -

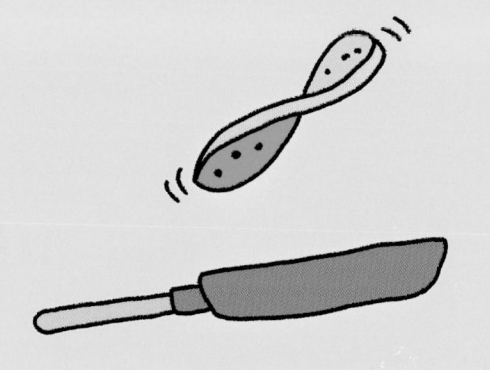

- 단어 쓰기 -

DAY 1 우리 동네

1. tall building
   높은 건물

2. high mountain

3. large bank

4. city park

5. busy restaurant

6. new church

7. old temple

8. movie theater

9. gift shop

10. ice cream store

단어를 듣고
여러 번 쓰며 익혀요.

1 wise man

2 clever woman

3 young boy

4 teenage girl

5 rich gentleman

6 poor lady

7 little kid

8 problem child

9 Mr. Stone

10 Ms. Bell

단어를 듣고
여러 번 쓰며 익혀요.

1  handsome father(dad)

2  beautiful mother(mom)

3 nice grandfather(grandpa)

4  kind grandmother(grandma)

5  lazy brother

6  lovely sister

7  smart uncle

8  pretty aunt

9  baby cousin

10  cute puppy

오늘이 늘샹

단어를 듣고
여기 번 씩 따라 이슈요.

1 fast cheetah

2 quick shower

3 quiet rabbit

4 noisy classroom

5  slow turtle

6  thin ant

7  fat friend

8 big dinosaur

9 small house

10  loud voice

단어를 듣고
여기서 만나 인증해요.

1. sweet potato

2. egg sandwich

3. pork sausage

4. meat pie

5. carrot cake

6. lemon tea

7. chocolate milk

8. tomato juice

9. drinking water

10. cream soda

9

1		face / face mask
2		head / forehead
3		eye / eyebrow
4		chin / chin strap
5		neck / (neck)tie
6		hair / hairpin
7		nose / nostril
8		ear / earring
9		mouth / mouthwash
10		tooth / toothbrush

DAY 6

우리 말론

단어를 듣고 여기에 따라 써보세요.

1 broad shoulders

2 strong arm

3 powerful leg

4 dark hand

5 smelly foot

6 straight back

7 slim hips

8 little finger

9 middle toe

10 curly tail

6

 10 fashion model

 9 animal doctor

8 hotel chef

7 jet pilot

6 taxi driver

5 hospital nurse

4 computer scientist

3 pop singer

2 traffic cop

1 movie actor

단어를 듣고
여기 빈 칸에 이어요.

직업

DAY 8

단어를 듣고
여러 번 쓰며 익혀요.

1 black knight

2 white wine

3 red rose

4 blue sea

5 yellow balloon

6 gray smoke

7 pink dress

8 brown socks

9 green grass

10 color purple

DAY 10

스포츠

단어를 듣고
여러 번 쓰며 익혀요.

1 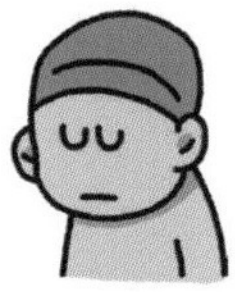 swim cap

2 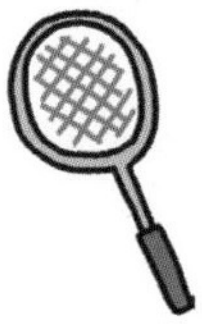 tennis racket

3 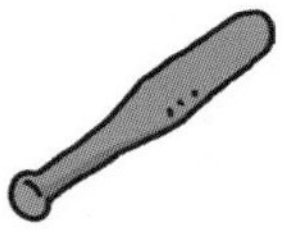 baseball bat

4 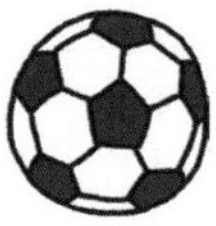 soccer ball

5 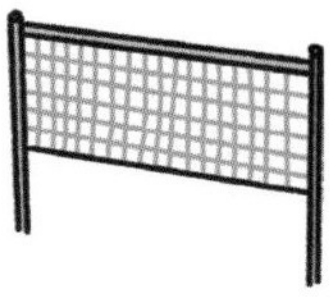 badminton net

6 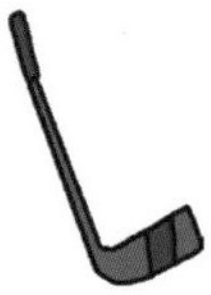 hockey stick

7 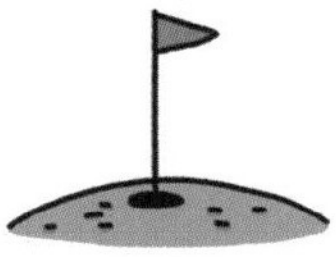 golf hole

8 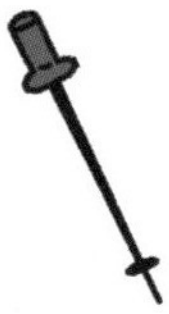 ski pole

9 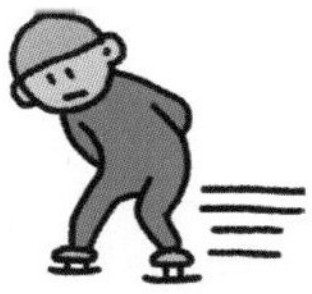 ice skate

10 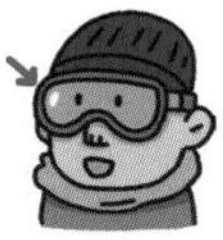 snowboard goggles

10   [10]   [20]   ten / twenty

9   [9]   [19]   nine / nineteen

8   [8]   [18]   eight / eighteen

7   [7]   [17]   seven / seventeen

6   [6]   [16]   six / sixteen

5   [5]   [15]   five / fifteen

4   [4]   [14]   four / fourteen

3   [3]   [13]   three / thirteen

2   [2]   [12]   two / twelve

1   [1]   [11]   one / eleven

DAY 11   중학 1

단어를 듣고
여러 번 따라 읽어요.

단어를 듣고
여러 번 쓰며 익혀요.

1. 20 / 22 — twenty / twenty-two

2. 30 / 33 — thirty / thirty-three

3. 40 / 44 — forty / forty-four

4. 50 / 55 — fifty / fifty-five

5. 60 / 66 — sixty / sixty-six

6. 70 / 77 — seventy / seventy-seven

7. 80 / 88 — eighty / eighty-eight

8. 90 / 99 — ninety / ninety-nine

9. 100 / 1,000 — hundred / thousand

10. 1,000,000 / 1,000,000,000 — million / billion

13

10 fridge door

9 kitchen table

8 lace curtain

7  dirty carpet

6 clean window

5  wood floor

4 picture frame

3 soft sofa

2 low ceiling

1 wall clock

단어를 듣고
여기 빛에 맞대 인용요.

1 toilet paper

2 dry towel

3 wet brush

4 round mirror

5 plastic comb

6 bath soap

7 mild shampoo

8 body cleanser

9 long bathtub

10 short rug

10  those pens

9 these chairs

8 that bag

7 this computer

6 its notebook

5 our room

4 her glue

3 his ruler

2 your eraser

1 my pencil

단어를 듣고
여기 빈칸에 이어요.

DAY 16 과일

단어를 듣고
여러 번 쓰며 익혀요.

1
fruit basket

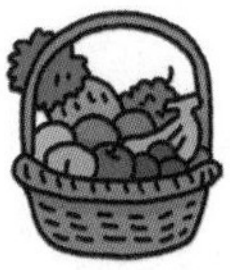

2
apple pie

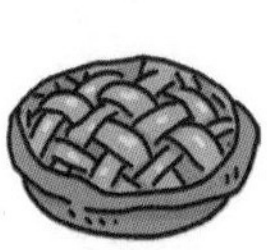

3

grape jam

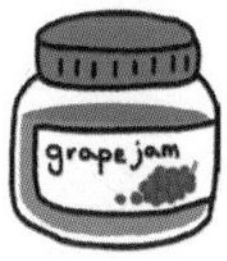

4

banana bread

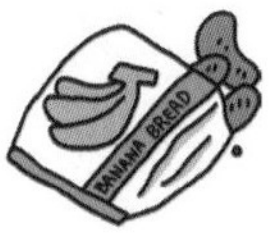

5
strawberry cake

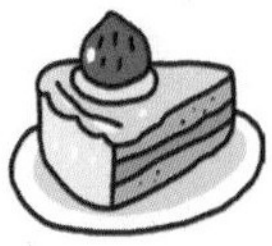

6
orange blossom

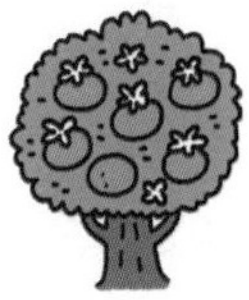

7
pear tree

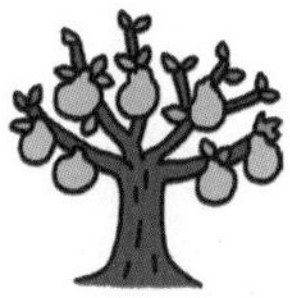

8

peach yogurt

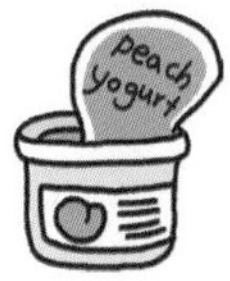

9
watermelon seed

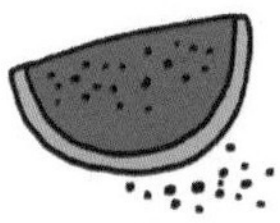

10
kiwi peel

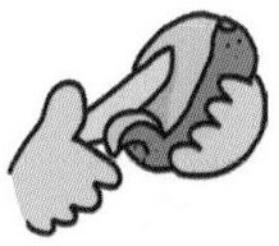

단어를 듣고
여기서 따라 읽어요.

1 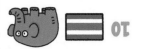 USA / eagle

2 Canada / beaver

3 UK / lion

4 France / rooster

5 Italy / wolf

6 Korea / tiger

7 Russia / bear

8 China / panda

9 Australia / kangaroo

10 Thailand / elephant

DAY 18 동물 울음소리

1. cat / meow

2. dog / woof

3. duck / quack

4. cow / moo

5. bird / tweet

6. sheep / baa

7. pig / oink

8. bee / buzz

9. snake / hiss

10. owl / hoo

단어를 듣고
여러 번 쓰며 익혀요.

1  first salt

2  second sugar

3  third pepper

4  fourth sauce

5  fifth oil

6  sixth ketchup

7  seventh mayo

8  eighth butter

9  ninth cheese

10   tenth corn

1. eleventh gorilla

2. twelfth horse

3. thirteenth deer

4. fourteenth koala

5. fifteenth monkey

6. sixteenth mouse

7. seventeenth frog

8. eighteenth alligator

9. nineteenth whale

10. twentieth penguin

21

단어를 듣고
여러 번 쓰며 익혀요.

1  fur hat

2  cotton pajamas

3  leather coat

4  long skirt

5  short pants

6  spring scarf

7  summer shirt

8  fall jacket

9  winter boots

10 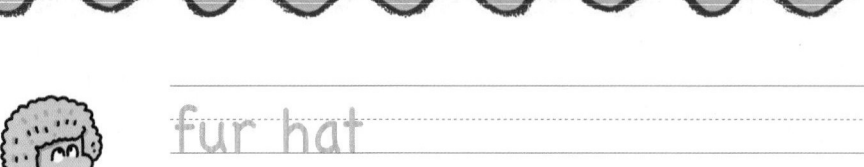 wool sweater

단어를 듣고
따라 써보세요.

1. simple breakfast (08:00)

2. healthy brunch (11:00)

3. tasty lunch (12:30)

4. light supper (19:00)

5. heavy dinner (19:00)

6. handmade burger

7. yummy pizza

8. fried chicken

9. fresh salad

10. vegetable soup

10 easy quiz

9 difficult exam

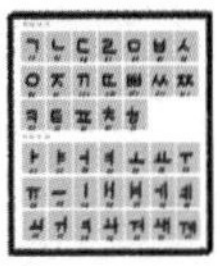

8 P.E. lesson

7 music class

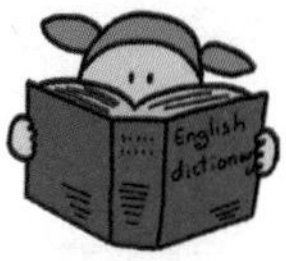

6 art book

5 science lab

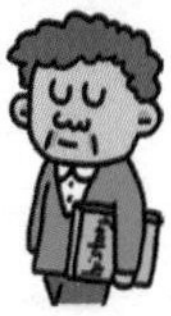

4 math test

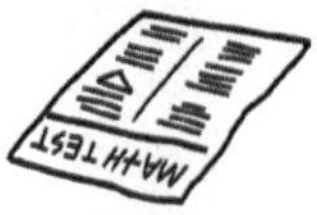

3 history teacher

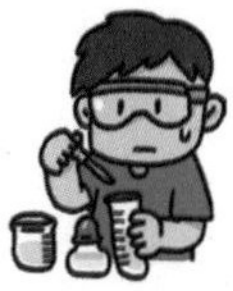

2 English dictionary

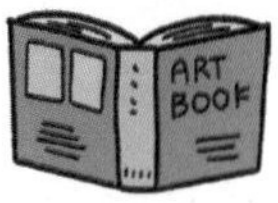

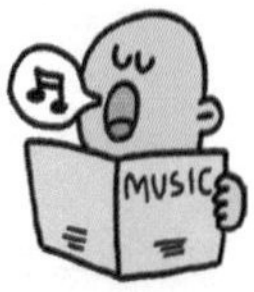

1 Korean alphabet

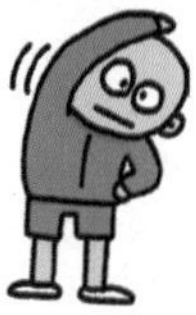

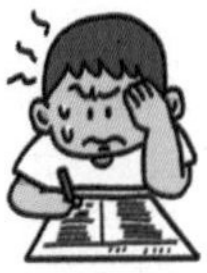

간눈가 시냥

단어를 듣고
여기 번 따라 이으세요.

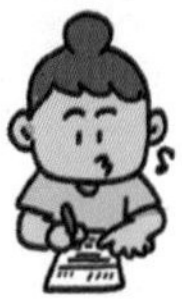

단어를 듣고
여러 번 쓰며 익혀요.

1. sports car

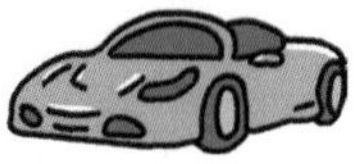

2. jet plane

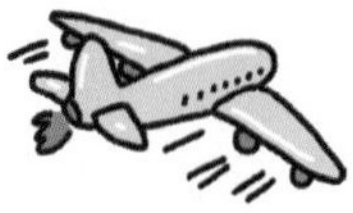

3. tour bus

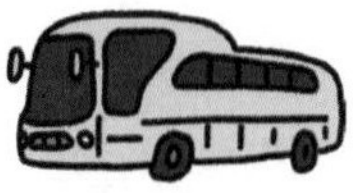

4. river boat

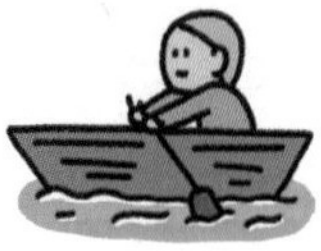

5. cruise ship

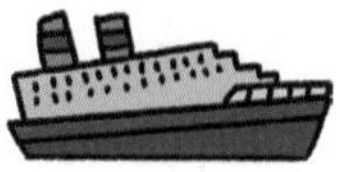

6. express subway

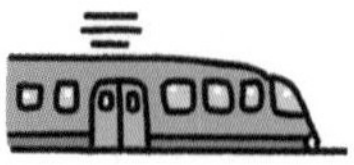

7. army truck

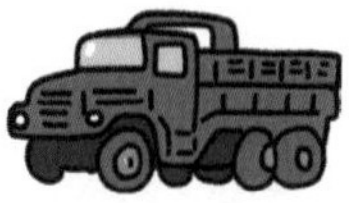

8. family van

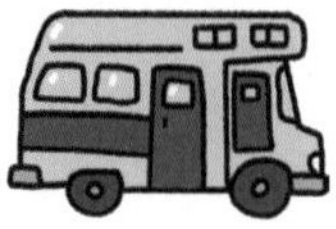

9. air taxi

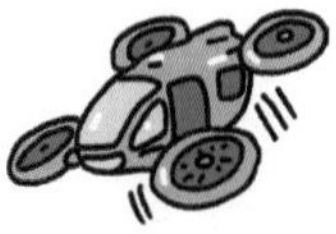

10. airport shuttle

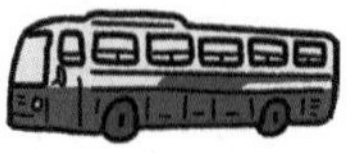

1 last Monday

2 next Tuesday

3 before Wednesday

4 after Thursday

5 since Friday

6 each Saturday

7 every Sunday

8 yesterday morning

9 today afternoon

10 tomorrow evening

26

단어를 듣고
여러 번 쓰며 익혀요.

1 happy smile

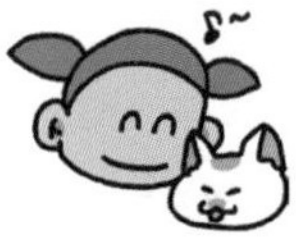

2 sad story

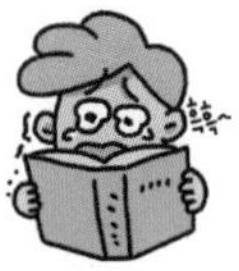

3 good news

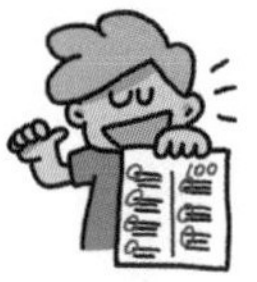

4 bad feeling

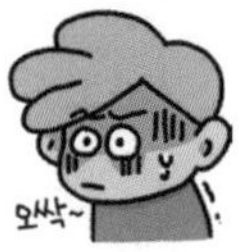

5 angry face

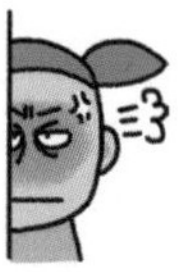

6 really hungry

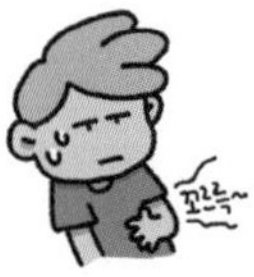

7 so sick

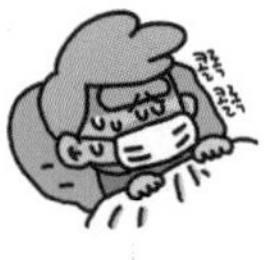

8 too excited

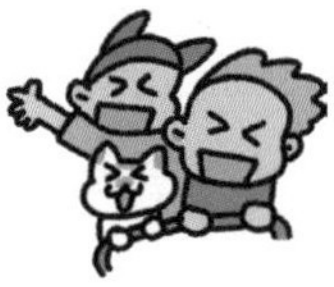

9 very bored

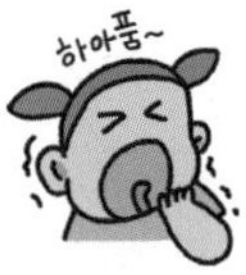

10 terribly tired

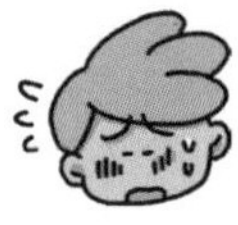

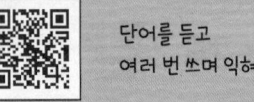

단어를 듣고
여러 번 쓰며 익혀요.

1		sun / sunny
2		cloud / cloudy
3		wind / windy
4		rain / rainy
5		snow / snowy
6		fog / foggy
7		storm / stormy
8		chill / chilly
9		ice / icy
10		hail / hailing

DAY 28 날씨 II

단어들 듣고 여기 빈 칸에 써보세요.

1 warm house

2 hot weather

3 cool climate

4 cold day

5 freezing mountain

6 lightning flash

7 thunder / thunderclap

8 tornado warning

9 typhoon siren

10 rainbow silk

DAY 29
방향과 반대말

단어를 듣고
여러 번 쓰며 익혀요.

1 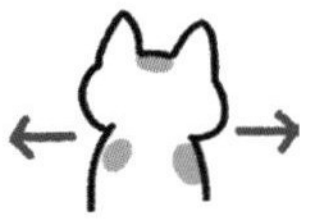
left / right

2 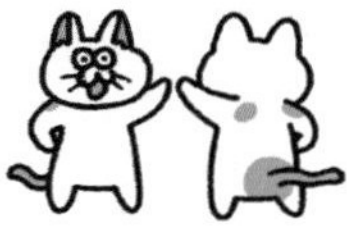
front / back

3 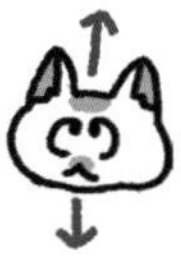
up / down

4 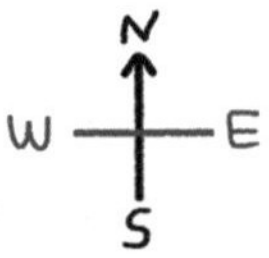

west / east

5 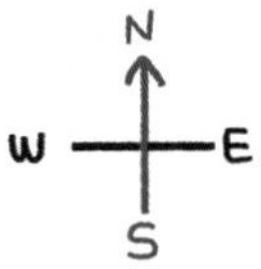

south / north

6 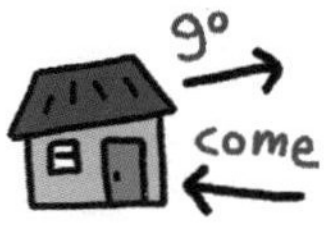

go / come

7 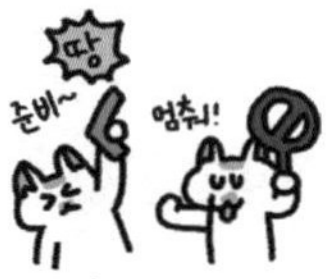

start / stop

8 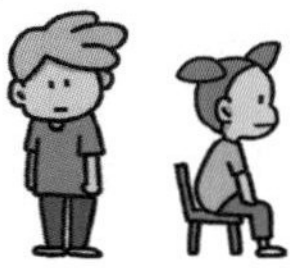
stand / sit

9 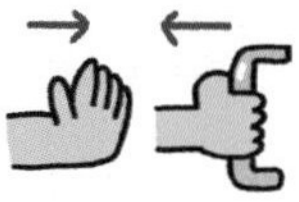
push / pull

10 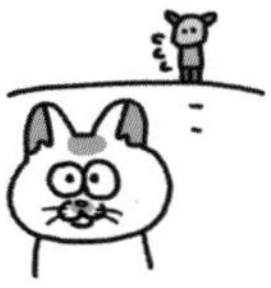
near / far

단어를 듣고
여러 번 쓰며 익혀요.

1. who / person

2. when / time

3. where / place

4. what / thing

5. how / way

6. why / reason

7. which / choice

8. whose / possession

9. how many / number

10. how much / quantity

diary ~ 일기

1  internet diary

2  video diary

3 travel diary

4  secret diary

culture ~ 문화

1  Asian culture

2  African culture

3  European culture

4  Islamic culture

skin ～ 피부

1  fine skin

2  clear skin

3  smooth skin

4  perfect skin

people ～ 사람들

1  popular people

2  famous people

3  wonderful people

4  strange people

dish ~ 접시

1   food dish

2   glass dish

3   metal dish

4    mini dish

season ~ 계절, 시즌

1    vacation season

2    holiday season

3    Christmas season

4    football season

job ~ 직업, 일(과제)

1  dream job

2 interesting job

3 boring job

4 great job

---

world ~ 세계, 세상

1 business world

2 digital world

3 natural world

4 plant world

brain 두뇌 ~

1 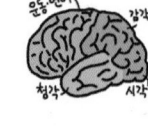 brain activity

2  brain function

3  brain cell

4  brain death

matter ~ 문제

1  important matter

2  private matter

3  other matter

4  different matter

exercise ~ 운동

1. 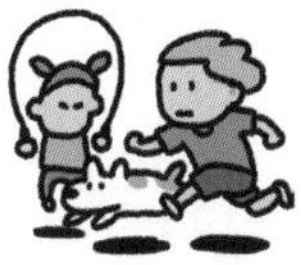 daily exercise

2. regular exercise

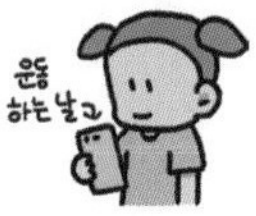

3. indoor exercise

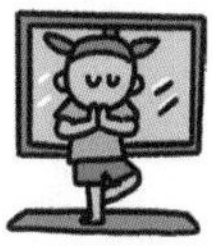

4. outdoor exercise

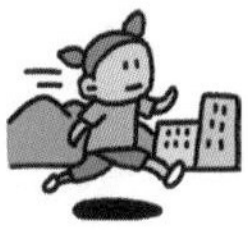

work ~ 일, 작업

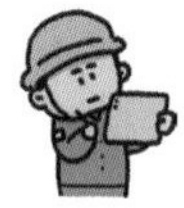

1. 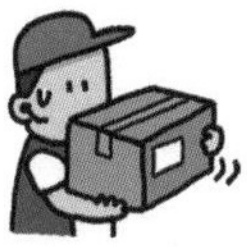 hard work

2. exciting work

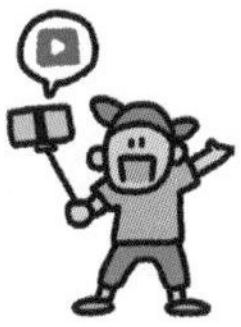

3. dangerous work

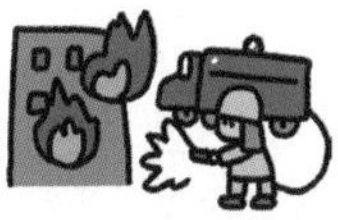

4. group work

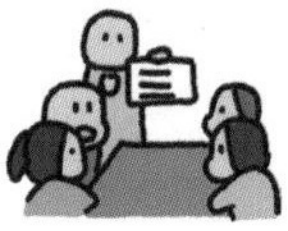

son ~ 아들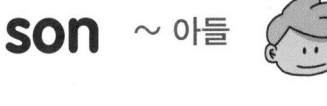

1 a son

2 the son

3 honest son

4 polite son

daughter ~ 딸

1 excellent daughter

2 only daughter

3 funny daughter

4 foolish daughter

husband 남편을/에게 ~하다

1 push her husband

2  pull her husband

3  need her husband

4 tell her husband

wife 아내를 ~하다

1 call his wife

2 choose his wife

3 love his wife

4  like his wife

at ~에

1. at home

2. at the library

3.  at the corner

4. at the bakery

on ~(위)에

1. 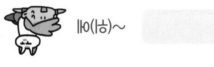 on the roof

2.  on the lake

3. on the blackboard

4. on the map

in ~안에

1
in the box

2
in the pool

3
in the garden

4
in the museum

from ~에서부터

1
from above

2
from here

3
from there

4
from outside

do ~하다

1 do homework

2 do business

3 do something

4 do anything

5 do a puzzle

6 do a crossword

7 do a sketch

8 do a favor

9 do the flowers

have ~등 가지고 있다

9 have a phone

8 have a pet

7 have a name

6 have a key

5 have a fan

4 have a doll

3 have a cookie

2 have a candy

1 have a bicycle

get ～을 받다, 얻다

1  get a letter

2  get an e-mail

3  get a prize

4  get a present

5  get a shock

6  get a score

7  get a ticket

8  get an idea

9  get an answer

take  ～을 가져가다

1 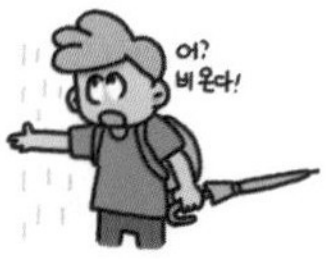  take an umbrella

2 take shoes

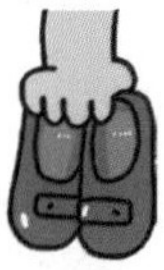

3 take slippers

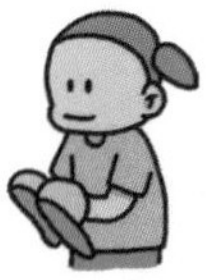

4 take gloves

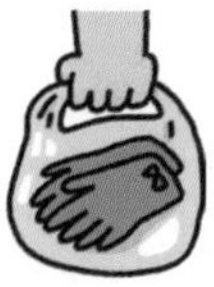

5 take a toy

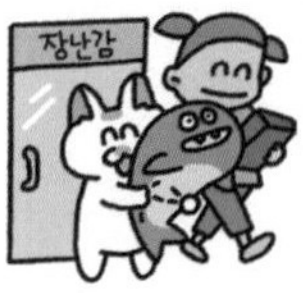

6 take a candle

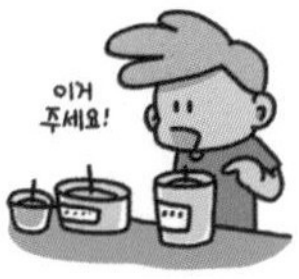

7 take coffee

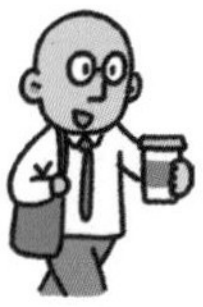

8 take samples

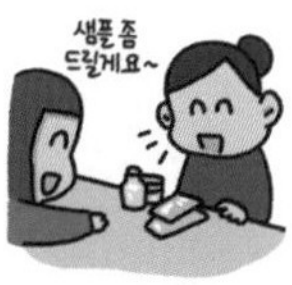

9 take medicine

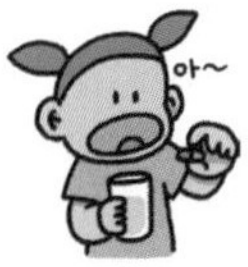

make  ~을 만들다

1  make a robot

2  make a machine

3  make paper

4  make a road

5  make a poem

6  make clothes

7  make a noise

8  make money

9  make war

give  ~을 주다

1   give a ring

2 give gold

3 give silver

4 give a diamond

5 give a snack

6 give fish

7 give more

8 give a kiss

9 give a chance

play [　　　　] ~을 놀다, (경기, 연주 등을) 하다

1 play a game

2 play basketball

3 play volleyball

4 play handball

5 play the piano

6 play the violin

7 play the guitar

8 play the flute

9 play the cello

단어를 듣고
여러 번 쓰며 익혀요.

wear

~을 입다(쓰다, 끼다, 신다)

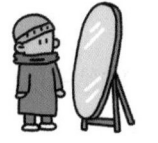

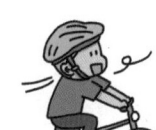

1 wear a helmet

2 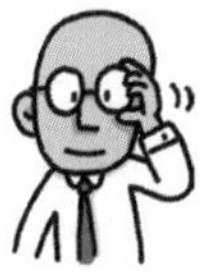 wear glasses

3 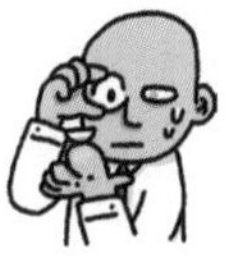 wear lenses

4 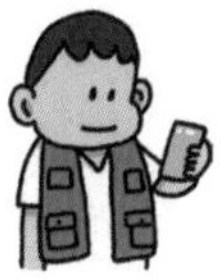 wear a vest

5 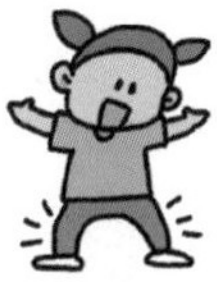 wear jeans

6 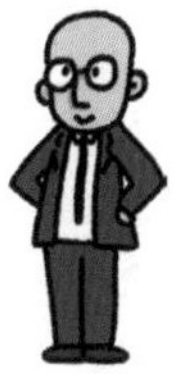 wear a suit

7 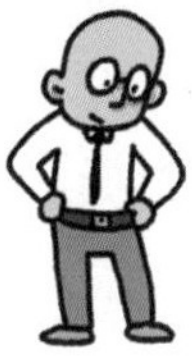 wear a belt

8 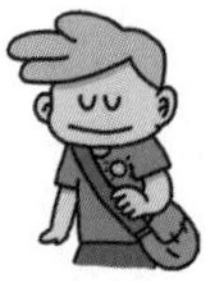 wear a badge

9 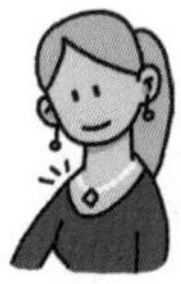 wear a necklace

keep [　　] ~을 유지하다

1 keep your balance

2 keep calm

3 keep the peace

4 keep your distance

find [　　] ~을 찾다

1 find joy

2 find hope

3 find happiness

4 find courage

50

drive ~ 운전하다

1 drive well

2 drive slowly

3 drive carefully

4 drive away

arrive ~ 도착하다

1 arrive now

2 arrive early

3 arrive late

4 arrive soon

do homework

do a favor

make money

make war

뒤집기 노트

- 쪽지시험 -

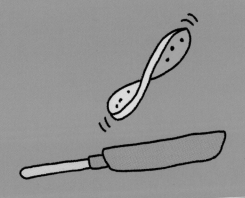

siso
study

뒤 묘기 노트
- 쪽지시험 -

스스로 체크해요!

**어떤 단어를 알고 있고, 어떤 단어를 아직 외우지 못했는지
셀프 쪽지시험으로 확인해 보세요.**

1 오른쪽 쪽지시험지를 반으로 접고, 한 번 더 반으로 접으세요.
(반으로 두 번 접으세요.)

2 접은 페이지를 모두 펴고, "① 우리말 뜻"의 빈칸을 채우세요.
생각이 나지 않으면 짝꿍 단어책에서 찾아 쓰며 다시 한번 기억해요.

3 이제 영단어와 "② 쪽지시험"만 보이도록 접은 후
②의 빈칸을 채우세요.

4 접은 페이지를 펴고, 쪽지시험을 스스로 채점하세요.

5 틀린 단어를 "③ 오답노트" 칸에 쓰며 다시 기억해요.

 쪽지시험지 접는 방법 동영상

절취선을 따라 페이지를
잘라 내어 사용하면 편리해요.

점수 / 10

영단어	① 우리말 뜻	③ 오답노트	② 쪽지시험
tall building			
high mountain			
large bank			
city park			
busy restaurant			
new church			
old temple			
movie theater			
gift shop			
ice cream store			

DAY 2 여러 사람들

점수 / 10

영단어	① 우리말 뜻	③ 오답노트	② 쪽지시험
wise man			
clever woman			
young boy			
teenage girl			
rich gentleman			
poor lady			
little kid			
problem child			
Mr. Stone			
Ms. Bell			

DAY **1** 우리 동네

점수 / 10

우리말 뜻	① 영단어	③ 오답노트	② 쪽지시험
높은 건물			
높은 산			
큰 은행			
도시 공원			
바쁜 식당			
새로운 교회			
오래된 절			
영화관			
선물 가게			
아이스크림 가게			

DAY **2** 여러 사람들

점수 / 10

우리말 뜻	① 영단어	③ 오답노트	② 쪽지시험
현명한 남자			
똑똑한 여자			
어린 소년			
십대 소녀			
부유한 신사			
가난한 여성			
작은 아이			
문제아 (문제 아이)			
스톤 씨			
벨 여사(씨)			

영단어	① 우리말 뜻	③ 오답노트	② 쪽지시험
handsome father			
beautiful mother			
nice grandfather			
kind grandmother			
lazy brother			
lovely sister			
smart uncle			
pretty aunt			
baby cousin			
cute puppy			

영단어	① 우리말 뜻	③ 오답노트	② 쪽지시험
fast cheetah			
quick shower			
quiet rabbit			
noisy classroom			
slow turtle			
thin ant			
fat friend			
big dinosaur			
small house			
loud voice			

DAY 3 나의 가족

우리말 뜻	① 영단어	③ 오답노트	② 쪽지시험
잘생긴 아빠			
아름다운 엄마			
멋진 할아버지			
친절한 할머니			
게으른 오빠(형, 남동생)			
사랑스런 언니 (누나, 여동생)			
똑똑한 삼촌 (고모부, 이모부)			
예쁜 숙모(고모, 이모)			
아기 사촌			
귀여운 강아지			

DAY 4 동물의 특성

우리말 뜻	① 영단어	③ 오답노트	② 쪽지시험
빠른 치타			
빠른 샤워			
조용한 토끼			
시끄러운 교실			
느린 거북이			
마른 개미			
뚱뚱한 친구			
큰 공룡			
작은 집			
큰 목소리			

맛있는 음식들

영단어	① 우리말 뜻	③ 오답노트	② 쪽지시험
sweet potato			
egg sandwich			
pork sausage			
meat pie			
carrot cake			
lemon tea			
chocolate milk			
tomato juice			
drinking water			
cream soda			

우리 얼굴

영단어	① 우리말 뜻	③ 오답노트	② 쪽지시험
face / face mask			
head / forehead			
eye / eyebrow			
chin / chin strap			
neck / (neck)tie			
hair / hairpin			
nose / nostril			
ear / earring			
mouth / mouthwash			
tooth / toothbrush			

DAY 5 맛있는 음식들

우리말 뜻	① 영단어	③ 오답노트	② 쪽지시험
고구마			
계란 샌드위치			
돼지고기 소시지			
고기 파이			
당근 케이크			
레몬 차			
초콜릿 우유			
토마토 주스			
마시는 물			
크림 탄산음료			

DAY 6 우리 얼굴

우리말 뜻	① 영단어	③ 오답노트	② 쪽지시험
얼굴 / 마스크			
머리 / 이마			
눈 / 눈썹			
턱 / 턱끈			
목 / 넥타이			
머리 / 머리핀			
코 / 콧구멍			
귀 / 귀걸이			
입 / 구강세정제			
이 / 칫솔			

우리 몸

점수 / 10

영단어	① 우리말 뜻	③ 오답노트	② 쪽지시험
broad shoulders			
strong arm			
powerful leg			
dark hand			
smelly foot			
straight back			
slim hips			
little finger			
middle toe			
curly tail			

DAY 8 직업

점수 / 10

영단어	① 우리말 뜻	③ 오답노트	② 쪽지시험
movie actor			
traffic cop			
pop singer			
computer scientist			
hospital nurse			
taxi driver			
jet pilot			
hotel chef			
animal doctor			
fashion model			

우리말 뜻	① 영단어	③ 오답노트	② 쪽지시험
넓은 어깨			
강한 팔			
힘센 다리			
어두운 색의 손			
냄새나는 발			
꼿꼿한 등			
날씬한 골반			
새끼 손가락			
가운데 발가락			
동그랗게 말린 꼬리			

점수 / 10

DAY **8** 직업

점수 / 10

우리말 뜻	① 영단어	③ 오답노트	② 쪽지시험
영화 배우			
교통 경찰			
인기 가수			
컴퓨터 과학자			
병원 간호사			
택시 운전사			
제트기 조종사			
호텔 요리사			
동물 의사			
패션 모델			

점수 / 10

영단어	① 우리말 뜻	③ 오답노트	② 쪽지시험
black knight			
white wine			
red rose			
blue sea			
yellow balloon			
gray smoke			
pink dress			
brown socks			
green grass			
color purple			

DAY **10** 스포츠

점수 / 10

영단어	① 우리말 뜻	③ 오답노트	② 쪽지시험
swim cap			
tennis racket			
baseball bat			
soccer ball			
badminton net			
hockey stick			
golf hole			
ski pole			
ice skate			
snowboard goggles			

DAY 9 색깔

점수 / 10

우리말 뜻	① 영단어	③ 오답노트	② 쪽지시험
흑기사			
화이트 와인			
빨간 장미			
파란 바다			
노란 풍선			
회색 연기			
분홍 드레스			
갈색 양말			
녹색 풀			
자주색, 보라색			

DAY 10 스포츠

점수 / 10

우리말 뜻	① 영단어	③ 오답노트	② 쪽지시험
수영 모자			
테니스 라켓			
야구 방망이			
축구공			
배드민턴 네트			
하키 스틱			
골프 홀			
스키 폴			
아이스 스케이트			
스노보드 고글			

영단어	① 우리말 뜻	③ 오답노트	② 쪽지시험
one / eleven			
two / twelve			
three / thirteen			
four / fourteen			
five / fifteen			
six / sixteen			
seven / seventeen			
eight / eighteen			
nine / nineteen			
ten / twenty			

영단어	① 우리말 뜻	③ 오답노트	② 쪽지시험
twenty / twenty-two			
thirty / thirty-three			
forty / forty-four			
fifty / fifty-five			
sixty / sixty-six			
seventy / seventy-seven			
eighty / eighty-eight			
ninety / ninety-nine			
hundred / thousand			
million / billion			

우리말 뜻	① 영단어	③ 오답노트	② 쪽지시험
일 / 십일			
이 / 십이			
삼 / 십삼			
사 / 십사			
오 / 십오			
육 / 십육			
칠 / 십칠			
팔 / 십팔			
구 / 십구			
십 / 이십			

우리말 뜻	① 영단어	③ 오답노트	② 쪽지시험
이십 / 이십이			
삼십 / 삼십삼			
사십 / 사십사			
오십 / 오십오			
육십 / 육십육			
칠십 / 칠십칠			
팔십 / 팔십팔			
구십 / 구십구			
백 / 천			
백만 / 십억			

영단어	① 우리말 뜻	③ 오답노트	② 쪽지시험
wall clock			
low ceiling			
soft sofa			
picture frame			
wood floor			
clean window			
dirty carpet			
lace curtain			
kitchen table			
fridge door			

영단어	① 우리말 뜻	③ 오답노트	② 쪽지시험
toilet paper			
dry towel			
wet brush			
round mirror			
plastic comb			
bath soap			
mild shampoo			
body cleanser			
long bathtub			
short rug			

점수 / 10

우리말 뜻	① 영단어	③ 오답노트	② 쪽지시험
벽시계			
낮은 천장			
부드러운 소파			
그림 액자			
목재 마루			
깨끗한 창문			
더러운 카펫			
레이스 커튼			
부엌 탁자			
냉장고 문			

DAY **14** 욕실

점수 / 10

우리말 뜻	① 영단어	③ 오답노트	② 쪽지시험
화장지, 휴지			
마른 수건			
젖은 솔			
둥근 거울			
플라스틱 빗			
목욕 비누			
순한 샴푸			
보디 클렌저			
긴 욕조			
짧은 깔개			

영단어	① 우리말 뜻	③ 오답노트	② 쪽지시험
my pencil			
your eraser			
his ruler			
her glue			
our room			
its notebook			
this computer			
that bag			
these chairs			
those pens			

영단어	① 우리말 뜻	③ 오답노트	② 쪽지시험
fruit basket			
apple pie			
grape jam			
banana bread			
strawberry cake			
orange blossom			
pear tree			
peach yogurt			
watermelon seed			
kiwi peel			

DAY 15 공부방

우리말 뜻	① 영단어	③ 오답노트	② 쪽지시험
나의 연필			
너의 지우개			
그의 자			
그녀의 풀			
우리 방			
그것의 공책			
이 컴퓨터			
저 가방			
이 의자들			
저 펜들			

DAY 16 과일

우리말 뜻	① 영단어	③ 오답노트	② 쪽지시험
과일 바구니			
애플파이			
포도잼			
바나나 빵			
딸기 케이크			
오렌지 꽃			
배나무			
복숭아 요거트			
수박씨			
키위 껍질			

영단어	① 우리말 뜻	③ 오답노트	② 쪽지시험
USA / eagle			
Canada / beaver			
UK / lion			
France / rooster			
Italy / wolf			
Korea / tiger			
Russia / bear			
China / panda			
Australia / kangaroo			
Thailand / elephant			

DAY **18** 동물 소리 ✎ 점수 / 10

영단어	① 우리말 뜻	③ 오답노트	② 쪽지시험
cat / meow			
dog / woof			
duck / quack			
cow / moo			
bird / tweet			
sheep / baa			
pig / oink			
bee / buzz			
snake / hiss			
owl / hoo			

DAY 17 나라별 상징 동물

점수 / 10

우리말 뜻	① 영단어	③ 오답노트	② 쪽지시험
미국 / 독수리			
캐나다 / 비버			
영국 / 사자			
프랑스 / 수탉			
이탈리아 / 늑대			
한국 / 호랑이			
러시아 / 곰			
중국 / 팬더			
호주 / 캥거루			
태국 / 코끼리			

DAY 18 동물 소리

점수 / 10

우리말 뜻	① 영단어	③ 오답노트	② 쪽지시험
고양이 / 야옹			
개 / 왈왈			
오리 / 꽥꽥			
소 / 음매			
새 / 짹짹			
양 / (음)매			
돼지 / 꿀꿀			
벌 / 윙윙			
뱀 / 쉬익			
부엉이 / 부엉 부엉			

영단어	① 우리말 뜻	③ 오답노트	② 쪽지시험
first salt			
second sugar			
third pepper			
fourth sauce			
fifth oil			
sixth ketchup			
seventh mayo			
eighth butter			
ninth cheese			
tenth corn			

영단어	① 우리말 뜻	③ 오답노트	② 쪽지시험
eleventh gorilla			
twelfth horse			
thirteenth deer			
fourteenth koala			
fifteenth monkey			
sixteenth mouse			
seventeenth frog			
eighteenth alligator			
nineteenth whale			
twentieth penguin			

서수와 음식 재료

점수 / 10

우리말 뜻	① 영단어	③ 오답노트	② 쪽지시험
첫 번째 소금			
두 번째 설탕			
세 번째 후추			
네 번째 소스			
다섯 번째 기름			
여섯 번째 케첩			
일곱 번째 마요네즈			
여덟 번째 버터			
아홉 번째 치즈			
열 번째 옥수수			

서수와 동물

점수 / 10

우리말 뜻	① 영단어	③ 오답노트	② 쪽지시험
열한 번째 고릴라			
열두 번째 말			
열세 번째 사슴			
열네 번째 코알라			
열다섯 번째 원숭이			
열여섯 번째 쥐			
열일곱 번째 개구리			
열여덟 번째 악어			
열아홉 번째 고래			
스무 번째 펭귄			

영단어	① 우리말 뜻	③ 오답노트	② 쪽지시험
fur hat			
cotton pajamas			
leather coat			
long skirt			
short pants			
spring scarf			
summer shirt			
fall jacket			
winter boots			
wool sweater			

영단어	① 우리말 뜻	③ 오답노트	② 쪽지시험
simple breakfast			
healthy brunch			
tasty lunch			
light supper			
heavy dinner			
handmade burger			
yummy pizza			
fried chicken			
fresh salad			
vegetable soup			

옷 종류

점수　　/ 10

우리말 뜻	① 영단어	③ 오답노트	② 쪽지시험
털 모자			
면 파자마			
가죽 코트			
긴 치마			
짧은 바지			
봄 스카프			
여름 셔츠			
가을 재킷			
겨울 부츠			
울 스웨터			

DAY 22 식사와 음식

점수　　/ 10

우리말 뜻	① 영단어	③ 오답노트	② 쪽지시험
간단한 아침 식사			
건강에 좋은 브런치			
맛있는 점심 식사			
가벼운 저녁 식사			
많은 양의 저녁 식사			
수제 버거			
맛있는 피자			
후라이드 치킨			
신선한 샐러드			
야채 수프			

과목과 시험

영단어	① 우리말 뜻	③ 오답노트	② 쪽지시험
Korean alphabet			
English dictionary			
history teacher			
math test			
science lab			
art book			
music class			
P.E. lesson			
difficult exam			
easy quiz			

여러가지 탈 것

영단어	① 우리말 뜻	③ 오답노트	② 쪽지시험
sports car			
jet plane			
tour bus			
river boat			
cruise ship			
express subway			
army truck			
family van			
air taxi			
airport shuttle			

DAY 23 과목과 시험

점수 / 10

우리말 뜻	① 영단어	③ 오답노트	② 쪽지시험
한국의 글자			
영어 사전			
역사 선생님			
수학 시험			
과학 실험실			
미술책			
음악 수업			
체육 수업			
어려운 시험			
쉬운 퀴즈			

DAY 24 여러가지 탈 것

점수 / 10

우리말 뜻	① 영단어	③ 오답노트	② 쪽지시험
스포츠카			
제트 비행기			
관광버스			
리버 보트			
유람선			
급행 지하철			
군대 트럭			
가족용 밴			
에어 택시			
공항 셔틀버스			

영단어	① 우리말 뜻	③ 오답노트	② 쪽지시험
last Monday			
next Tuesday			
before Wednesday			
after Thursday			
since Friday			
each Saturday			
every Sunday			
yesterday morning			
today afternoon			
tomorrow evening			

영단어	① 우리말 뜻	③ 오답노트	② 쪽지시험
happy smile			
sad story			
good news			
bad feeling			
angry face			
really hungry			
so sick			
too excited			
very bored			
terribly tired			

우리말 뜻	① 영단어	③ 오답노트	② 쪽지시험
점수			/ 10
지난 월요일			
다음 화요일			
수요일 전에			
목요일 이후에			
금요일부터			
매주(각각의) 토요일			
매주(모든) 일요일			
어제 아침			
오늘 오후			
내일 저녁			

DAY **26** 감정 표현

우리말 뜻	① 영단어	③ 오답노트	② 쪽지시험
점수			/ 10
행복한 미소			
슬픈 이야기			
좋은 소식			
나쁜 느낌			
화난 얼굴			
정말 배고픈			
너무 아픈			
너무 신이 난			
매우 지루한			
끔찍하게 피곤한			

점수　　/ 10

영단어	① 우리말 뜻	③ 오답노트	② 쪽지시험
sun / sunny			
cloud / cloudy			
wind / windy			
rain / rainy			
snow / snowy			
fog / foggy			
storm / stormy			
chill / chilly			
ice / icy			
hail / hailing			

점수　　/ 10

영단어	① 우리말 뜻	③ 오답노트	② 쪽지시험
warm house			
hot weather			
cool climate			
cold day			
freezing mountain			
lightning flash			
thunder / thunderclap			
tornado warning			
typhoon siren			
rainbow silk			

점수 / 10

우리말 뜻	① 영단어	③ 오답노트	② 쪽지시험
해 / 해가 비추는			
구름 / 구름이 낀			
바람 / 바람이 부는			
비 / 비가 내리는			
눈 / 눈이 내리는			
안개 / 안개 낀			
폭풍 / 폭풍이 몰아치는			
냉기 / 쌀쌀한			
얼음 / 얼음의(얼음같이 찬)			
우박 / 우박이 내리는			

점수 / 10

우리말 뜻	① 영단어	③ 오답노트	② 쪽지시험
따뜻한 집			
더운 날씨			
서늘한 기후			
추운 날			
얼어붙은 산			
번개의 번쩍임			
천둥 / 천둥의 쾅 하는 소리			
회오리바람 경고			
태풍 사이렌			
무지개 비단			

방향과 반대말

영단어	① 우리말 뜻	③ 오답노트	② 쪽지시험
left / right			
front / back			
up / down			
west / east			
south / north			
go / come			
start / stop			
stand / sit			
push / pull			
near / far			

물어보는 말

영단어	① 우리말 뜻	③ 오답노트	② 쪽지시험
who / person			
when / time			
where / place			
what / thing			
how / way			
why / reason			
which / choice			
whose / possession			
how many / number			
how much / quantity			

우리말 뜻	① 영단어	③ 오답노트	② 쪽지시험
왼쪽 / 오른쪽			점수 / 10
앞 / 뒤			
위 / 아래			
서쪽 / 동쪽			
남쪽 / 북쪽			
가다 / 오다			
출발하다 / 멈추다			
서다 / 앉다			
밀다 / 당기다			
가까운 / 먼			

DAY **30** 물어보는 말

점수 / 10

우리말 뜻	① 영단어	③ 오답노트	② 쪽지시험
누구 / 사람			
언제 / 시간			
어디에 / 장소			
무엇 / 물건			
어떻게 / 방법			
왜 / 이유			
어느(어떤) / 선택			
누구의 / 소유			
얼마나 많이 / 수			
얼마나 많이 / 양			

점수 / 10

영단어	① 우리말 뜻	③ 오답노트	② 쪽지시험
internet diary			
video diary			
travel diary			
secret diary			
Asian culture			
European culture			
fine skin			
smooth skin			
popular people			
wonderful people			

DAY 32 dish · season · job · world

점수 / 10

영단어	① 우리말 뜻	③ 오답노트	② 쪽지시험
food dish			
glass dish			
metal dish			
mini dish			
vacation season			
Christmas season			
dream job			
boring job			
business world			
natural world			

점수 / 10

우리말 뜻	① 영단어	③ 오답노트	② 쪽지시험
아프리카의 문화			
이슬람의 문화			
맑은 피부			
완벽한 피부			
유명한 사람들			
이상한 사람들			
여행 일기			
유럽의 문화			
좋은 피부			
인기 있는 사람들			

점수 / 10

우리말 뜻	① 영단어	③ 오답노트	② 쪽지시험
휴가 시즌			
축구 시즌			
재미있는 직업			
잘한 일			
디지털 세계			
식물 세계			
유리 접시			
방학 시즌			
지루한 직업			
자연의 세계			

영단어	① 우리말 뜻	③ 오답노트	② 쪽지시험
brain activity			
brain function			
brain cell			
brain death			
important matter			
other matter			
daily exercise			
indoor exercise			
hard work			
dangerous work			

DAY **34** **son · daughter · wife · husband**　✎ 점수　/ 10

영단어	① 우리말 뜻	③ 오답노트	② 쪽지시험
a son			
the son			
honest son			
polite son			
excellent daughter			
funny daughter			
call his wife			
love his wife			
push her husband			
need her husband			

brain · matter · exercise · work   점수   / 10

우리말 뜻	① 영단어	③ 오답노트	② 쪽지시험
사적인 문제			
(모양이나 성격이) 다른 문제			
정기적인 운동			
야외 운동			
흥미진진한 일			
집단 작업			
두뇌 사망 (뇌사)			
중요한 문제			
매일의 운동			
위험한 일			

son · daughter · wife · husband   점수   / 10

우리말 뜻	① 영단어	③ 오답노트	② 쪽지시험
하나뿐인 딸 (외동딸)			
어리석은 딸			
아내를 고르다			
아내를 좋아하다			
남편을 당기다			
남편에게 말하다			
정직한 아들			
뛰어난 딸			
아내를 사랑하다			
남편을 밀다			

at · on · in · from

영단어	① 우리말 뜻	③ 오답노트	② 쪽지시험
at home			
at the library			
at the corner			
at the bakery			
on the roof			
on the blackboard			
in the box			
in the garden			
from above			
from there			

do · have

영단어	① 우리말 뜻	③ 오답노트	② 쪽지시험
do homework			
do business			
do something			
do anything			
do a crossword			
do a favor			
have a bicycle			
have a cookie			
have a key			
have a pet			

✎ 점수 / 10

우리말 뜻	① 영단어	③ 오답노트	② 쪽지시험
호수 위에			
지도 (위)에			
수영장 안에			
박물관 안에			
여기에서부터			
바깥에서부터			
모퉁이에 (코너에)			
지붕 위에			
상자 안에			
위에서부터			

DAY **36** do · have

✎ 점수 / 10

우리말 뜻	① 영단어	③ 오답노트	② 쪽지시험
퍼즐을 하다			
스케치 하다			
꽃꽂이를 하다			
사탕을 가지고 있다			
인형을 가지고 있다			
선풍기를 가지고 있다			
이름을 가지고 있다			
전화기를 가지고 있다			
호의를 베풀다			
반려동물을 가지고 있다			

영단어	① 우리말 뜻	③ 오답노트	② 쪽지시험
get a letter			
get an e-mail			
get a prize			
get a present			
get a score			
get an idea			
take an umbrella			
take slippers			
take a candle			
take samples			

영단어	① 우리말 뜻	③ 오답노트	② 쪽지시험
make a robot			
make a machine			
make paper			
make a road			
make clothes			
make money			
give a ring			
give silver			
give fish			
give a kiss			

DAY 37 get · take

우리말 뜻	① 영단어	③ 오답노트	② 쪽지시험
충격을 받다			
티켓을 받다			
답을 얻다			
신발을 가져가다			
장갑을 가져가다			
장난감을 가져가다			
커피를 가져가다			
약을 복용하다			
상을 받다			
우산을 가져가다			

DAY 38 make · give

우리말 뜻	① 영단어	③ 오답노트	② 쪽지시험
시를 만들다			
소음을 만들다 (소란을 피우다)			
전쟁을 일으키다			
금을 주다			
다이아몬드를 주다			
간식을 주다			
더 주다			
기회를 주다			
돈을 벌다			
키스해 주다			

DAY 39 play · wear

영단어	① 우리말 뜻	③ 오답노트	② 쪽지시험
play a game			
play basketball			
play volleyball			
play handball			
play the violin			
play the flute			
wear a helmet			
wear lenses			
wear a suit			
wear a badge			

DAY 40 keep · find · arrive · drive

영단어	① 우리말 뜻	③ 오답노트	② 쪽지시험
keep your balance			
keep calm			
keep the peace			
keep your distance			
find joy			
find happiness			
arrive now			
arrive late			
drive well			
drive carefully			

점수 / 10

우리말 뜻	① 영단어	③ 오답노트	② 쪽지시험
피아노를 치다			
기타를 치다			
첼로를 켜다			
안경을 쓰다			
조끼를 입다			
청바지를 입다			
허리띠를 차다			
목걸이를 걸다			
농구를 하다			
정장을 입다			

DAY **40** keep · fine · arrive · drive

점수 / 10

우리말 뜻	① 영단어	③ 오답노트	② 쪽지시험
희망을 찾다			
용기를 찾다			
일찍 도착하다			
곧 도착하다			
천천히 운전하다			
(차를 몰고) 떠나다			
균형을 유지하다			
행복을 찾다			
늦게 도착하다			
조심스럽게 운전하다			